Eduard Augustin
Philipp von Keisenberg
Christian Zaschke

FUSSBALL UNSER

GOLDMANN
Lesen erleben

Buch

Warum ist Sialkot in Pakistan die eigentliche Welthauptstadt des Fußballs, wie entwickelte sich die über die Welt des Fußballs hinaus bekannte Redewendung „die Arschkarte ziehen" und über welche Distanz und mit welcher Breite und Geschwindigkeit bewegt sich die als sozialpsychologisches Phänomen aus Fußballstadien bekannte „La Ola" in welche Richtung?
Absurdes und Kurioses, Überraschendes und Skurriles, Auflistungen und Rangfolgen bislang nicht für wissenswert erachteter Themenkomplexe machen dieses Sammelsurium ebenso lustig wie lehrreich! Antworten auf das, was man nicht alles wissen muss, liefert dieses Buch nicht nur Spielerfrauen, Hobbykickern, Fernsehsesselexperten, Abseitsregelerklärern, Platzwarten und Fanclubmitgliedern.

Autoren

Eduard Augustin, Jahrgang 1966, arbeitet als Texter für Fernsehen und Print in München und hat Fußballspiele auf allen Kontinenten der Erde gesehen. Obwohl, wenn er ehrlich ist: in Australien noch nicht.
Philipp von Keisenberg, Jahrgang 1975, arbeitet als selbständiger Grafik-Designer in München. Gern betrachtet er Taktiktafeln.
Christian Zaschke, Jahrgang 1971, arbeitet als Sportredakteur bei der Süddeutschen Zeitung in München, weshalb er behaupten kann, beruflich mit Fußball zu tun zu haben.

Von den Autoren außerdem bei Goldmann lieferbar:

Ein Mann. Ein Buch. (47182)

GESTATTEN, ARGENTINIEN

Geburtsname • Verein	*Rufname*
Argentinos Juniors	***Los Bichos*** Die Wanzen
Boca Juniors	***Los Faineros*** Die Stinkenden
Estudiantes La Plata	***Los Pincharrates*** Die Rattenfänger
Gimnasia y Esgrima	***Los Triperos*** Die Zerstörer
Huracán	***Los Quemeros*** Die Brandstifter
Independiente	***Los Diablos Rojos*** Die Roten Teufel
Newell's Old Boys	***Los Leprosos*** Die Leprakranken
River Plate	***Los Millionarios*** Die Millionäre
Rosario Central	***Los Canallas*** Die Schufte
San Lorenzo Almagro	***Los Cuervos*** Die Raben
Vélez Sársfield	***Los Fortineros*** Die Burgverteidiger

FUSSBALLER, DIE RECHT GERNE RAUCHEN

Paul Gascoigne Besser noch bekannt dafür, dass er zur Zigarette einige Biere zu sich nahm und zu den Bieren dann und wann einen Schnaps ....

Mario Basler Besser noch bekannt dafür, dass er zur Zigarette einige Biere zu sich nahm, wenn auch nicht so viele wie Paul Gascoigne ...

David Ginola Besser noch bekannt dafür, dass er Werbung für Shampoo machte. Eigentlich ausschließlich dafür bekannt ....

Slaven Bilic Besser noch bekannt dafür, dass er bei der EM 1996 im Viertelfinale Deutschland vs. Kroatien (2:1) den am Boden liegenden Christian Ziege trat ....

Ossie Ardiles Besser noch bekannt dafür, dass aus „recht gerne rauchen" zwischenzeitlich „aber so was von gerne rauchen" wurde. Als er 1978 Weltmeister mit Argentinien wurde, rauchte er 40 Zigaretten am Tag ....

Gianluca Vialli Besser noch bekannt dafür, dass er als Sohn eines Millionärs auf einem Landsitz in der Nähe von Cremona aufwuchs.

TRILLERPFEIFE

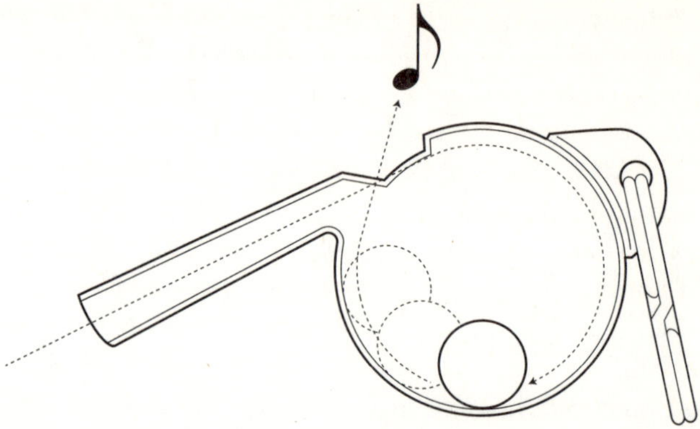

Die Trillerpfeife wird gelegentlich als Musikinstrument benutzt, in erster Linie jedoch als Signalpfeife. Sie besteht aus einem Luftkanal und einem Hohlraum, in dem ein beweglicher Körper das Trillern erzeugt, wenn man hineinpustet. Im Fußball nutzt der Schiedsrichter die Pfeife, um sich bemerkbar zu machen. Mit einem Pfiff beginnt das Spiel, mit einem Pfiff wird es unterbrochen und meist mit einem Pfiff fortgesetzt, mit einem Pfiff endet das Spiel. Zum Beenden eines Spieles, das im Elfmeterschießen entschieden wurde, spart sich der Schiedsrichter meist den letzten Pfiff.

POKALDEBAKEL DES FC BAYERN MÜNCHEN

Saison	Runde	Gegner	Ergebnis
1977/78	3	FC Homburg zweite Liga vs. FCB	3:1
1978/79	2	FCB vs. VfL Osnabrück zweite Liga	4:5
1979/80	3	SpVgg Bayreuth zweite Liga vs. FCB	1:0
1986/87	4	Fortuna Düsseldorf Bundesliga vs. FCB	3:0
1990/91	1	FV 09 Weinheim Oberliga vs. FCB	1:0
1991/92	1	FCB vs. FC Homburg zweite Liga	n.V. 2:4
1994/95	1	TSV Vestenbergsgreuth Regionalliga vs. FCB	1:0
2000/01	2	1. FC Magdeburg Oberliga vs. FCB	n.E. 5:3

DIE MARADONAS

Immer wieder werden Spieler, die ganz gut mit dem Ball umgehen können, mit dem Argentinier Diego Armando Maradona verglichen, einem unglaublichen Zauberer des Fußballs. Da sie eben doch nicht ganz Maradona sind, erhalten diese Spieler von Fans oder Presse einen kleinen, aber entscheidenden Namenszusatz, der das hohe Lob „Maradona" ein wenig relativiert.

Der Alpen-Maradona **Österreich** .... Andreas Herzog
Der Karpaten-Maradona **Rumänien** .... Gheorghe Hagi
Der Russen-Maradona **Russland** .... Andrej Arschawin
Der Wüsten-Maradona **Saudi-Arabien** .... Saeed Owairan
Der Singapur-Maradona **Singapur** .... Abbas Saad
Der Indien-Maradona **Indien** .... Baichung Bhutia
Die Maradona des Frauenfußballs **Peru** .... Cecilia Tait
Der Balkan-Maradona **Albanien** .... Edvin Murati
Der Bosporus-Maradona **Türkei** .... Emre Belozoglu
Der Korea-Maradona **Südkorea** .... Yoo Young Park
Der Maurergesellen-Maradona **1. FC Köln** .... Hans-Werner Reif

SIALKOT – HAUPTSTADT DES FUSSBALLS

Einst trat man gegen Orangen, Kokosnüsse, Schweins- und Ochsenblasen, gegen gewickelte Lumpen und Naturgummi, auch gegen Totenköpfe. Erst das mit Luft gefüllte Leder wurde zu dem, was wir unter dem Begriff Fußball kennen. Heute besteht ein Fußball aus synthetischen Schäumen, deren Mikrobläschen mit einem Gas gefüllt sind. Aus 32 gleich großen Teilen wird er zusammengesetzt, manchmal geklebt, meist jedoch genäht. Diese teure Handarbeit hat Sialkot (Pakistan) zur Welthauptstadt des Fußballs werden lassen: Rund 80 Prozent der Weltproduktion werden dort abgewickelt, alle namhaften Hersteller sind vertreten. Erst 1998 – durch das Atlanta-Agreement – konnte die Kinderarbeit in der Fußballproduktion zumindest offiziell abgeschafft werden ....

Das Spiel ist bekannt als „Giuoco del Calcio fiorentino“ und wurde vornehmlich von Aristokraten gespielt. Ursprünglich diente ein abgeschlagener Kopf als Spielball. Heute, da das Spiel noch immer als Touristenattraktion vorgeführt wird, verzichtet man auf Enthauptungen zur Ballgewinnung ....

England Im so genannten Mutterland des Fußballs begannen die Normannen 1066 mit dem Spiel, das schnell zum beliebten Städtevergleich herangezogen wurde und selbst dann nicht an Popularität verlor, als König Edward II. es 1314 verbot. Ihm schien das Spiel zu brutal zu sein. Von der Monarchie anerkannt wurde es erst 1618. König James I. (und VI. von Schottland) empfahl den Fußball nach dem sonntäglichen Kirchgang ....

Amerikanische Ureinwohner In Neuengland entdeckten die Pilger Ureinwohner, die ein Spiel mit dem Ball betrieben. Ihren Wettstreit nannten sie „Pasuckquakkohowog“ und trugen ihn auf dem harten Sand des Watts bei Ebbe aus. Vieles war damals schon wie heute: Zwei Mannschaften traten an, Waffen waren verboten, und Wetten auf den Spielausgang wurden angenommen. Die Indianer in Oklahoma spielten Fußball, wenn sie die Getreideernte feierten ....

Amerikanische Kolonien In Jamestown, Virginia, wurde um 1600 recht früh nach der Errichtung der ersten Siedlungen auf amerikanischem Boden eine Art Fußball gespielt. Auch hier wurde der Fußball jedoch verboten und nur noch sporadisch gespielt, bis 1827 Harvard-Studenten den Sport erneut gesellschaftsfähig machten. 1860 verbot die Universität das Spiel dann wieder ....

Das moderne Spiel Am 26. Oktober 1863 trafen sich Repräsentanten von 14 Londoner Klubs und Schulen in der Freemasons' Tavern in der Great Queen Street, nahe Lincoln Inn Field, gründeten die Football Association und verfassten das erste vollständige Regelwerk. 1871 wurde die Football Association Challenge der erste organisierte Wettbewerb der Welt ....

China Das antike Fußballspiel „Tsu Chu“ entwickelte sich während der Herrschaft des Kaisers Huang-Ti (2500 v. Chr.) und wurde u.a. anlässlich seiner Geburtstage vor dem Palast zelebriert. Ein Netz aus Seide wurde zwischen Bambuspfählen gespannt, und die Spieler versuchten, den Ball im Netz unterzubringen. Frei übersetzt bedeutet Tsu „einen Ball mit Füßen treten“ und Chu „ausgestopfter Ball aus Tierhäuten“ ....

Ägypten Eine Sargzeichnung aus dem alten Ägypten – datiert 2000 v. Chr. – zeigt einen Mann, der mit einem Ball mit rund 15 cm Durchmesser jongliert. Ob er noch Mitspieler akzeptierte, zeigt die Zeichnung nicht ....

Japan Die Japaner kannten ein Spiel namens „Kemari“, das zwischen 600 v. Chr. und 300 n. Chr. Erwähnung findet. Bereits der heutigen Form des Fußballspiels recht ähnlich, wurde es im „Kemari Asobi“, das bis ins 15. Jhd. gespielt wurde, noch verfeinert. Die Hintergründe sind verworren: Politisches und Religiöses spielte ebenso eine Rolle wie der Ehrenkodex der Samurai. Eindeutig war hingegen das Ziel des Spiels: Es galt, einen Ball zwischen zwei Pfosten zu platzieren ....

Antike Im frühen sechsten Jhd. v. Chr. spielten die Griechen eine Mischung aus Fuß- und Handball und nannten diese Mischung „Episkyros“. Die Römer kannten einen ähnlichen Wettbewerb namens „Harpastum“, der begeistert im ganzen römischen Reich ausgetragen wurde, in Frankreich gar bis ins fünfte Jhd. n. Chr. ....

Vor-kolumbianische Zivilisation Bis ins 16. Jhd. wurden Fußballspiele in Mexiko und Zentralamerika von Azteken, Mayas und Zapoteken betrieben. An Spielfeldern nahe ihren Tempeln gaben religiöse Führer Anweisungen an die Spieler, von denen manche nach einem verlorenen Match auf dem Altar geopfert wurden ....

Italien der Renaissance Eine Mischung aus Rugby, Fußball und American Football wurde in Florenz im 15. und 16. Jhd. populär.

Ein teuflischer
Zeitvertreib ... der Neid, Groll und Bosheit
wachsen lässt, und manchmal gar zu
Streit, Mord, Totschlag und
großem Blutverlust
führt.

Philip Stubbes über Fußball

„The Anatomie of Abuses"

• 1583 •

MIX
Papier aus verantwortungsvollen Quellen
FSC® C014496

Verlagsgruppe Random House FSC® N001967
Das FSC®-zertifizierte Papier *Lux Cream* für dieses Buch
liefert Stora Enso Publication Papers Oy Ltd, Finnland.

3. Auflage
Taschenbuchausgabe Mai 2010
Wilhelm Goldmann Verlag, München,
in der Verlagsgruppe Random House GmbH

Umschlaggestaltung:
Philipp von Keisenberg, UNO Werbeagentur, München
Illustrationen: Justin von Keisenberg
JS · Herstellung: Str.
Druck und Bindung: GGP Media GmbH, Pößneck
Printed in Germany
ISBN 978-3-442-47341-0

www.goldmann-verlag.de

Eduard Augustin
Philipp von Keisenberg
Christian Zaschke

FUSSBALL UNSER

Was man nicht
alles wissen muss

GOLDMANN

Und dafür, dass er in seinem Koffer stets alles picobello sortierte: hier ordentlich die kleinen Socken, dort säuberlich die schönen Hemden.
Teddy Sheringham Besser noch bekannt dafür, dass er nach seiner Einwechslung im Champions-League-Endspiel 1999 FC Bayern München vs. Manchester United (1:2) in der Nachspielzeit den Ausgleich erzielte ....

Sócrates Besser noch bekannt dafür, dass er nicht nur Profifußballer war, sondern auch Kinderarzt ist ....

Preben Elkjær Larsen Für nichts besser bekannt als fürs Rauchen. Steckte sich, wenn er ausgewechselt wurde, auch auf der Bank mal eine an ....

• FUSSBALL ANDERSWO •

Dänemark .... Fodbold
England .... Football
Finnland .... Jalkapallo
Frankreich .... Le Football
Griechenland .... Podosfairo
Holland .... Voetbal
Italien .... Gioco del calcio
Norwegen .... Fotball
Polen .... Pilka nozna
Portugal .... Futebol
Rumänien .... Fotbal
Schweden .... Fotboll
Serbokroatien .... Nogometna lopta
Spanien .... Fútbol
Tschechien .... Fotbal
Türkei .... Futbol
Ungarn .... Futball

• TRAINERSTATIONEN VON RUDI GUTENDORF •

Rudi Gutendorf, Jahrgang 1926, erhielt für seine lange Reise durch das Leben und rund um die Welt das Bundesverdienstkreuz. Wegen seiner vielen Trainerstationen steht er im Guinness-Buch der Rekorde. Er interessierte sich zudem stets für mehr als Fußball. Zu den bekannteren Anekdoten zählt, dass er den ehemaligen chilenischen Staatspräsidenten Salvador Allende kennen lernte und den Schauspieler Klaus Kinski bei Dreharbeiten im Amazonas-Urwald besuchte. Rudi Gutendorf war offizieller Botschafter der Weltmeisterschaft 2006 in Deutschland. Sein Spitzname, oder besser: Kosename, lautet Weltenbummler.

1946–54	SV Rengsdorf, Kreisklasse	Deutschland
1954	Rot-Weiß Koblenz, Bezirksklasse	Deutschland
1954	VfB Lützel, Bezirksklasse	Deutschland
1954	SG Braubach, Kreisklasse	Deutschland
1954	TuS Neuendorf, Oberliga	Deutschland
1955	Blue Stars Zürich	Schweiz
1955–60	FC Luzern	Schweiz
1961	US Monastir	Tunesien
1962–63	TSV Marl-Hüls, Oberliga	Deutschland
1963–64	Meidericher SV	Deutschland
1965	VfB Stuttgart	Deutschland
1966–68	St. Louis Stars	USA
1968	Nationaltrainer	Bermudas
1968–70	FC Schalke 04	Deutschland
1970–71	Kickers Offenbach	Deutschland
1972	Sporting Cristal Lima	Peru
1972	Nationaltrainer	Chile
1974	TSV 1860 München	Deutschland
1974	Nationaltrainer	Bolivien
1974	FC Boliviar	Bolivien
1974	Nationaltrainer	Venezuela
1975	Real Valladolid	Spanien
1975–76	Fortuna Köln	Deutschland

1976	Nationaltrainer	Trinidad
1976	Nationaltrainer	Grenada
1976	Nationaltrainer	Antigua
1976	Nationaltrainer	Botswana
1976–77	Tennis Borussia Berlin	Deutschland
1977	Hamburger SV	Deutschland
1978	Nationaltrainer	Australien
1980	Leiter Fifa-Lehrgang	Philippinen
1980	Nationaltrainer	Neu-Kaledonien
1981	Leiter Trainer-Lehrgang	Fidschi
1981	Nationaltrainer	Nepal
1981	Nationaltrainer	Tonga
1981	Nationaltrainer	Tansania
1981–82	Yanga Daressalam	Tansania
1982	Trainerausbilder, Arysha	Tansania
1982–84	FC Youmiuri	Japan
1984	Hertha BSC Berlin	Deutschland
1984	Nationaltrainer	Sao Tomé und Principe
1985	Nationaltrainer	Ghana
1985	Nationaltrainer	Nepal
1986	Trainerausbilder	Nepal
1987	Trainerausbilder	Fidschi
1987	Nationaltrainer	Fidschi
1988	Trainerausbilder	China
1988	Trainer Olympiaauswahl	Iran
1991–92	Trainer Olympiaauswahl	China
1995–96	Nationaltrainer	Simbabwe
1997	Nationaltrainer	Mauritius
1998	Sportdirektor TuS Koblenz	Deutschland
1999	Nationaltrainer	Ruanda
2003	Frauen-Nationaltrainer	Samoa

• REGELKUNDE I •

Offizielle Fifa-Regeln, aus Regel 10 (Wettbewerbsbestimmungen).

Wettbewerbsbestimmungen können für unentschieden ausgegangene Spiele nur folgende vom International FA Board genehmigte Vorgehensweisen zur Ermittlung eines Siegers festlegen: Auswärtstoreregel, Verlängerung, Schüsse von der Strafstoßmarke ....

• UNITED THEY STAND •

Sheffield United	Gründungsjahr 1889
Newcastle United	Gründungsjahr 1892
Scunthorpe United	Gründungsjahr 1899
West Ham United	Gründungsjahr 1900
Manchester United	Gründungsjahr 1902
Carlisle United	Gründungsjahr 1904
Southend United	Gründungsjahr 1906
Hartlepool United	Gründungsjahr 1908
Ayr United	Gründungsjahr 1910
Leeds United	Gründungsjahr 1919
Dundee United	Gründungsjahr 1919
Torquay United	Gründungsjahr 1921
Hereford United	Gründungsjahr 1924
Rotherham United	Gründungsjahr 1925
Boston United	Gründungsjahr 1933
Peterborough United	Gründungsjahr 1934
Colchester United	Gründungsjahr 1937
Cambridge United	Gründungsjahr 1951
Oxford United	Gründungsjahr 1960
Airdrie United	Gründungsjahr 2002

In Airdrie gab es bereits seit 1878 den Klub Airdrieonians FC, der sich jedoch 2002 in Airdrie United umbenannte.

STOSSARTEN

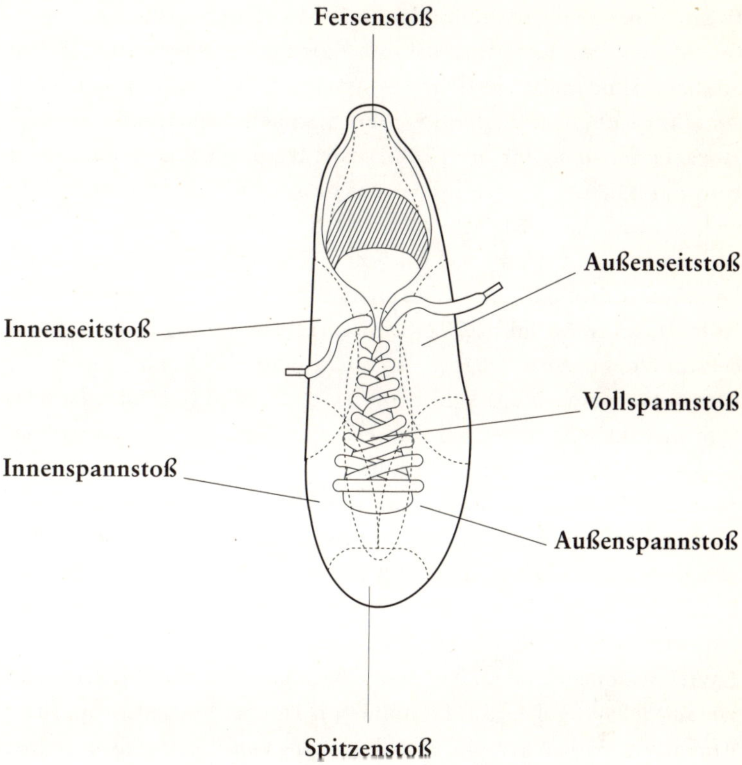

FUSSBALL UND MUSIK I

Die Fans von Manchester United amüsierten sich darüber, dass die Brüder Neville, Gary und Phil, im Team standen und deren Vater denselben Vor- wie Nachnamen trägt. Deshalb sangen sie zur Musik von „Rebel Rebel" (David Bowie) ein Lied.

Neville Neville, you play in defence, – Neville Neville, your future's immense, – Neville Neville, you ain't half bad, – Neville Neville, is the name of your dad ....

Diego Simeone Im Achtelfinale der WM 1998 (England vs. Argentinien) sieht Beckham die erste rote Karte seiner Karriere, nachdem er Diego Simeone getreten hat. Simeone gibt später zu, übertrieben simuliert zu haben. England verliert 5:6 nach Elfmeterschießen .....
Horacio Elizondo Im Jahr 2000 sieht David Beckham die zweite rote Karte seiner Karriere. Diesmal passiert es während der Klubweltmeisterschaft, Manchester United spielt gegen Necaxa, eine Mannschaft aus Mexiko. Den roten Karton reckt Schiedsrichter Horacio Elizondo in die Höhe, er stammt aus Argentinien ....
Aldo Duscher Im Jahr 2002 beim Champions-League-Spiel Manchester United gegen Deportivo La Coruña sieht Beckham nicht die rote Karte, verlässt das Feld dennoch zu früh und betrübt. Der Argentinier Aldo Duscher hat ihm einen ordentlichen Tritt verpasst. Beckham bricht sich einen Zeh, und so richtig erholt er sich davon bis zur WM 2002 nicht. Randnotiz: Fifa-Boss Sepp Blatter (kein Argentinier, ein Schweizer) rügte nach der Partie öffentlich den Schiedsrichter, weil dieser Duscher nach dem Foul nicht die rote Karte gezeigt hatte. Der Schiedsrichter hieß Markus Merk (kein Argentinier, ein Deutscher) ....
Lionel Scaloni Im Jahr 2003 spielt Beckham für Real Madrid, und wieder geht es gegen die Freunde von Deportivo La Coruña. Der Argentinier Lionel Scaloni wirft Beckham vor, ihn mittels obszöner Gesten beleidigt zu haben. Ein Wort gibt das andere, jedenfalls rollen die beiden bald über den Rasen. Da man die Chance auf so eine solide Prügelei selten bekommt, greifen die Kollegen rasch handfest mit ein. Beckham nutzt die Gelegenheit, auch dem geschätzten Aldo Duscher noch ein, zwei Nettigkeiten zu sagen ....
José Luis Acciari Im Jahr 2004 steht ein harmloses Spiel gegen Real Murcia an. Für Beckham nicht ganz so harmlos, da bei Murcia ein Argentinier unter Vertrag steht. José Luis Acciari verpasst Beckham einen Tritt, so dass der Engländer eine Knöchelverletzung erleidet.

MALDINI IN ZAHLEN

Der Fußballprofi Paolo Maldini (geboren 1968) spielte von 1984 bis 2009 genau 902-mal bei seinem Lieblingsverein, dem AC Mailand. Er gewann dabei einige Titel.

Italienischer Meister 1987/88, 1991/92, 1992/93, 1993/94, 1995/96, 1998/99, 2003/04

Italienischer Ligapokalsieger 1988/89, 1991/92, 1992/93, 1993/94, 2003/04

Italienischer Pokalsieger 2002/2003

Champions-League-Sieger 1988/89, 1989/90, 1993/94, 2002/03, 2006/07

Europäischer Supercup-Sieger 1988/89, 1989/90, 1993/94, 2002/03, 2006/07

Weltpokalsieger 1988/89, 1989/90

Fifa-Klub-Weltmeister 2007

DIE TANGO-FAMILIE

Zur WM 1978 wurde der „Tango" entwickelt, ein wunderbarer Ball. Niemand konnte sehen, an welcher Stelle der Hülle die letzten Stiche gesetzt wurden, er wirkte perfekt. Zur WM 1982 kam der „Tango España". Er bestand aus echtem Leder und war gewissermaßen das Oberhaupt einer Familie von Tangos. Weiterhin entwickelt wurden nämlich der „Tango Mundial", ein im Windkanal erprobter Ball, der „Tango Alicante", ein Ball für Flutlichtspiele, der „Tango Malaga" für harte Plätze und der „Tango indoor" – wie der Name andeutet, für den Hallenfußball erdacht. Es gab auch Tangos in Orange und in Gelb, aber darüber soll aus ästhetischen Gründen geschwiegen werden ....

TORSCHÜTZENKÖNIGINNEN IN ÖSTERREICH

2000/01 Maria Gstöttner SV Neulengbach .... 33 Tore

2001/02 Maria Gstöttner SV Neulengbach .... 34 Tore

2002/03 Maria Gstöttner SV Neulengbach .... 28 Tore

2003/04 Maria Gstöttner SV Neulengbach .... 26 Tore

2004/05 Maria Gstöttner SV Neulengbach .... 22 Tore

• ÜBERLÄUFER •

Die Rivalität zwischen den beiden wichtigsten Klubs in Spanien, zwischen Real Madrid und dem FC Barcelona, ist so groß, dass es sich für einen Profi eigentlich verbietet, in seiner Karriere für beide zu spielen. Diese weithin beachtete Regel bestätigen einige Ausnahmen.

FC Barcelona		***Real Madrid***
1920–28	.... *Ricardo Zamora*	 1929–36
1919–33	.... *Josep Samitier*	 1933–34
1953–61	.... *Justo Tejada*	 1961–63
1957–58	.... *Evaristo de Macedo*	 1962–64
1962–65	.... *Fernand Goyvaerts*	 1965–67
1981–88	.... *Bernd Schuster*	 1988–90
1988–90	.... *Luis Milla*	 1990–97
1989–94	.... *Michael Laudrup*	 1994–96
1990–92	...... *Nando* *Fernando Muñoz García*	 1992–96
1994–2000	.... *Luís Figo*...................	 2000–05
1996–97	.... *Ronaldo*	 2002–07
1995–99	.... *Celades*	 2005–06
2001–04/06–07	.... *Javier Saviola*	 2007–09
Real Madrid	•••	***FC Barcelona***
1962–65	.... *Lucien Muller*	 1965–68
1985–89/90–91	.... *Julen Lopetegui Argote*	 1994–97
1989–95	.... *Alfonso Pérez Muñoz*	 2000–02
1991–92	.... *Gheorghe Hagi*	 1995–98
1991–94	.... *Robert Prosinecki*	 1995–97
1991–96	.... *Luis Enrique*	 1996–2004
1993–98	.... *Dani*	 1998–2004
1998–99	.... *Samuel Eto'o*	 2004–09

• DER GEBORENE TORWART •

16. Oktober 1971: Geert de Vlieger, Belgien ....

ES GIBT KEINE KLEINEN MEHR I

Färöer Inseln Versuchten sich in der WM-Qualifikation 1994, 1998, 2002, 2006 und 2010. 4 Siege, 42 Niederlagen, 3 Unentschieden. Torverhältnis 24:139 ....

ÜBER DEN KAMPF INS SPIEL FINDEN

Adolf-Brühl-Kampfbahn .... Hammer SpVgg
Adolf-Jäger-Kampfbahn .... Altonaer FC 93
August-Bebel-Kampfbahn .... GSV Leipzig
Glückauf-Kampfbahn .... FC Schalke 04 II • Jugend
Grotenburg-Kampfbahn .... KFC Uerdingen
Hanseaten-Kampfbahn .... TS Woltmershausen
Hibernia-Kampfbahn .... PSV Recklinghausen
Hubert-Houben-Kampfbahn .... Preußen Krefeld
Kampfbahn Boelerheide .... SG Boelerheide
Kampfbahn Löchterheide .... SSV Buer
Kampfbahn Rothe Erde heute: Stadion Rote Erde ... Borussia Dortmund II
Kampfbahn Schwansbell .... Lüner SV
Kampfbahn Struckenberg .... TSV Fichte Hagen
Ludwig-Jahn-Kampfbahn .... TuS Brake
Max-Becker-Kampfbahn .... BSV Menden
Münzenberg-Kampfbahn .... Alemannia Aachen II
Nidda-Kampfbahn .... SG Frankfurt Nied
Otto-Müller-Kampfbahn .... SC Weißenfels

GEFÜHLSECHT

Kiswahili wird in Ostafrika gesprochen, es ist Amtssprache in Tansania, Kenia und Uganda. Spricht man in diesen Ländern vom Fußball, dann spricht man von Mpira. Das Wort bedeutet nicht nur Fußball und Leder, sondern auch Kondom ....

Torhüter, die die meisten Elfmeter in der Bundesliga hielten

Rudi Kargus **Hamburger SV** .... 23 von 76 **30,3%**
Harald Schumacher **1. FC Köln** .... 18 von 89 **20,2%**
Norbert Nigbur **FC Schalke 04** .... 17 von 65 **26,2%**
Andreas Köpke **1. FC Nürnberg** .... 14 von 43 **32,6%**

Torhüter, die zwei Elfmeter in einem Bundesligaspiel hielten

Peter Kunter **Eintracht Frankfurt** 1965/66 **Hannover vs. Frankfurt** ....* 4:1
Petar Radenkovic **1860 München** 1969/70 **Hertha BSC vs. 1860 München** 4:2
Franz-Josef Pauly **Hannover 96** 1973/74 **Wuppertal vs. Hannover** 2:1
Fred Bockholt **Kickers Offenbach** 1974/75 **1. FC Köln vs. Offenbach** 0:1
Harald Schumacher **1. FC Köln** 1974/75 **VfB Stuttgart vs. 1. FC Köln** 2:0
Wolfgang Kneib **Borussia M'gladbach** 1978/79 **Kaiserslautern vs. Gladbach** ... 1:3
Thomas Zander **1860 München** 1979/80 **1. FC Köln vs. 1860 München** 2:1
Bernd Fuhr **Karlsruher SC** 1984/85 **Gladbach vs. Karlsruhe** 3:3
Ulrich Sude **Borussia M'gladbach** 1984/85 **1. FC Köln vs. Gladbach** 1:5
Ulrich Sude **Borussia M'gladbach** 1984/85 **Bremen vs. Gladbach** ....* 2:0
Gerald Ehrmann **1. FC Kaiserslautern** 1984/85 **Mannheim vs. Kaiserslautern** .. 4:3
Frank Rost **FC Schalke 04** 2003/04 **Dortmund vs. Schalke** 0:1

*** Die Nachschüsse führten zu Toren.**

BOMBER DER NATION I

Spieler	Land	Ligaspiele	Tore
Imre Schlosser	Ungarn	301	**411**

Ferencváros Budapest **1905–1915**
MTK Budapest **1915–1922**
Wiener AC **1925–1926**
Ferencváros Budapest **1926–1927, 1933**
FC Budapest **1927–1928**

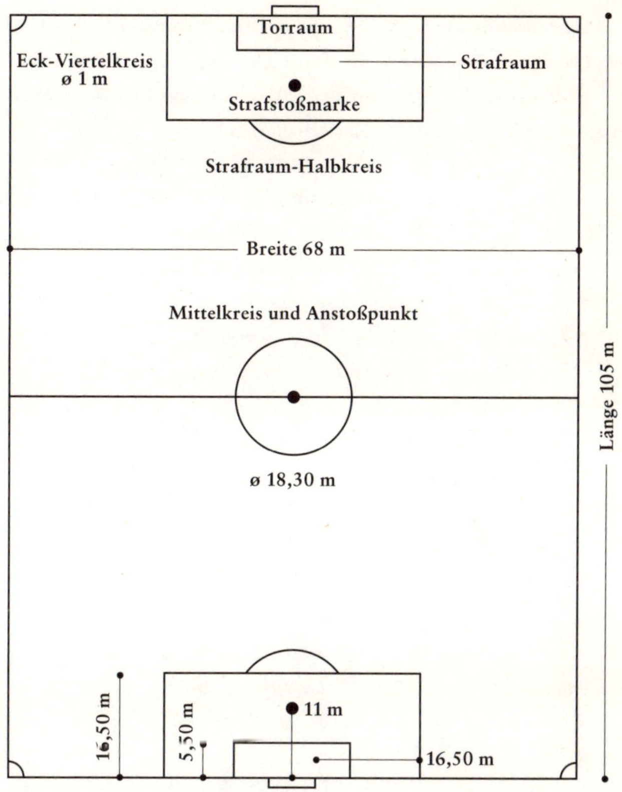

Im März 2008 hat das International Football Association Board (IFAB), das für Regelfragen im Weltfußball entscheidende Gremium, beschlossen, die Größe des Spielfeldes bei A-Länderspielen zu vereinheitlichen. Festgelegt wurde, dass das Feld 105 Meter lang und 68 Meter breit zu sein habe. Zuvor gab es etwas mehr Freiheit bezüglich der Größe: Erlaubt war eine minimale Länge von 100 und eine maximale Länge von 110 Metern sowie eine minimale Breite von 64 und eine maximale Breite von 75 Metern.

HAMBURGER GEBET

Ernst Happel wurde am 29. November 1925 in Wien geboren. Er starb am 14. November 1992 in Innsbruck. Er war als Spieler und als Trainer erfolgreich. Von 1981 bis 1987 trainierte er den Hamburger SV; mit dem Klub wurde er 1982 und 1983 Deutscher Meister, 1983 gewann er den Europapokal der Landesmeister. Die Hamburger Fans waren von Happel begeistert und widmeten ihm ein Gebet.

•••

Happel Unser
Der du bist im Himmel
Geheiligt werde Dein Name
Dein Meister komme
Dein Wille geschehe
Wie im Himmel, so auch im Volkspark
Unser wöchentlich Spiel gib uns heute
Und vergib uns unser Bier
Wie auch wir vergeben unseren Brauereien
Und führe uns nicht zu St. Pauli
Sondern erlöse uns von den Bayern
Denn Dein ist der Ruhm
Und die Ehr'
Und der Eurocup
In Ewigkeit
Amen

STERNE AUF DER BRUST I

Ein türkischer Fußballverein erhält für jeweils fünf Meistertitel einen Stern.

Verein	Sterne	Titel
Galatasaray Istanbul	3	17
Fenerbahçe Istanbul	3	17
Besiktas Istanbul	2	13
Trabzonspor	1	6

Klubs, die häufig die Liga wechseln, werden gern Fahrstuhlmannschaften genannt.

Verein	Anzahl	Aufstieg	Abstieg
VFC Haladás Ungarn	27	1936 1939 1942 1945 1962 1966 1973 1981 1991 1993 1995 2001 2003 2008	1937 1941 1943 1960 1963 1972 1979 1990 1992 1994 2000 2002 2004
Klubi sportiv Besëlidhja Lezhë Albanien	24	1936 1949 1951 1970 1972 1978 1980 1984 1987 1993 2000 2007	1937 1950 1952 1971 1975 1979 1983 1986 1990 1996 2003 2008
FC Viktoria Pilsen Tschechoslowakei	23	1931 1946 1961 1967 1970 1972 1986 1988 1993 2000 2003 2005	1938 1952 1963 1968 1971 1980 1987 1989 1999 2001 2004
KV Mechelen Belgien	23	1921 1924 1926 1928 1963 1965 1971 1981 1983 1999 2002 2007	1922 1925 1927 1956 1964 1969 1977 1982 1997 2001 2003
Birmingham City England	23	1894 1901 1903 1921 1948 1955 1972 1980 1985 2002 2007 2009	1896 1902 1908 1939 1950 1965 1979 1984 1986 2006 2008
Szegedi LC Ungarn	22	1950 1956 1959 1966 1970 1972 1975 1981 1983 1990 1999	1954 1958 1965 1968 1971 1974 1978 1982 1985 1991 2000
Stade Dudelange Luxemburg	22	1915 1919 1927 1930 1932 1936 1969 1973 1975 1979 1982	1916 1926 1929 1931 1933 1968 1971 1974 1978 1981 1986
CD Málaga Spanien	22	1949 1952 1954 1962 1965 1967 1970 1976 1979 1982 1988	1951 1953 1955 1963 1966 1969 1975 1977 1980 1985 1990

Stade Dudelange, Luxemburg, heißt seit 1991 F'91 Dudelange • CD Málaga, Spanien, wurde 1994 neu gegründet als CF Málaga.

Die Auszeichnung wurde seit 1963 von der Zeitschrift „Die Neue Fußballwoche“ vergeben.

1963 Manfred Kaiser .... Wismut Karl-Marx-Stadt
1964 Klaus Urbanczyk .... SC Chemie Halle
1965 Horst Weigang .... SC Leipzig
1966 Jürgen Nöldner .... ASK Vorwärts Berlin
1967 Dieter Erler .... FC Karl-Marx-Stadt
1968 Bernd Bransch .... Hallescher FC Chemie
1969 Eberhard Vogel .... FC Carl Zeiss Jena
1970 Roland Ducke .... FC Carl Zeiss Jena
1971 Peter Ducke .... FC Carl Zeiss Jena
1972 Jürgen Croy .... Sachsenring Zwickau
1973 Hans-Jürgen Kreische .... Dynamo Dresden
1974 Bernd Bransch .... Hallescher FC Chemie
1975 Jürgen Pommerenke .... 1. FC Magdeburg
1976 Jürgen Croy .... Sachsenring Zwickau
1977 Hans-Jürgen Dörner .... Dynamo Dresden
1978 Jürgen Croy .... Sachsenring Zwickau
1979 Joachim Streich .... 1. FC Magdeburg
1980 Hans-Ulrich Grapenthin .... FC Carl Zeiss Jena
1981 Hans-Ulrich Grapenthin .... FC Carl Zeiss Jena
1982 Rüdiger Schnuphase .... FC Carl Zeiss Jena
1983 Joachim Streich .... 1. FC Magdeburg
1984 Hans-Jürgen Dörner .... Dynamo Dresden
1985 Hans-Jürgen Dörner .... Dynamo Dresden
1986 René Müller .... 1. FC Lokomotive Leipzig
1987 René Müller .... 1. FC Lokomotive Leipzig
1988 Andreas Thom .... Berliner FC Dynamo
1989 Andreas Trautmann .... Dynamo Dresden
1990 Ulf Kirsten .... Dynamo Dresden
1991 Torsten Gütschow .... Dynamo Dresden

Aris Lemesos

• Zypern •

10 Ab- und Aufstiege in Serie

Abstieg	1997
Aufstieg	1998
Abstieg	1999
Aufstieg	2000
Abstieg	2001
Aufstieg	2002
Abstieg	2003
Aufstieg	2004
Abstieg	2005
Aufstieg	2006

SK Brann Bergen

• Norwegen •

8 Ab- und Aufstiege in Serie

Abstieg	1979
Aufstieg	1980
Abstieg	1981
Aufstieg	1982
Abstieg	1983
Aufstieg	1984
Abstieg	1985
Aufstieg	1986

RC Deportivo La Coruña

• Spanien •

7 Auf- und Abstiege in Serie

Aufstieg	1962
Abstieg	1963
Aufstieg	1964
Abstieg	1965
Aufstieg	1966
Abstieg	1967
Aufstieg	1968

Drogheda United

• Irland •

7 Auf- und Abstiege in Serie

Aufstieg	1994
Abstieg	1995
Aufstieg	1996
Abstieg	1997
Aufstieg	1998
Abstieg	1999
Aufstieg	2000

Hansa Rostock

• DDR •

6 Ab- und Aufstiege in Serie

Abstieg	1975
Aufstieg	1976
Abstieg	1977
Aufstieg	1978
Abstieg	1979
Aufstieg	1980

FC Haladás

• Ungarn •

6 Ab- und Aufstiege in Serie

Abstieg	1990
Aufstieg	1991
Abstieg	1992
Aufstieg	1993
Abstieg	1994
Abstieg	1995

RC Celta Vigo

• Spanien •

5 Ab- und Aufstiege in Serie

Abstieg	1975
Aufstieg	1976
Abstieg	1977
Aufstieg	1978
Abstieg	1979

KV Mechelen

• Belgien •

5 Auf- und Abstiege in Serie

Aufstieg	1924
Abstieg	1925
Aufstieg	1926
Abstieg	1927
Aufstieg	1928

FC Birkirkara

• Malta •

5 Auf- und Abstiege in Serie

Aufstieg	1983
Abstieg	1984
Aufstieg	1985
Abstieg	1986
Aufstieg	1987

• ANZÜGE DER BUNDESLIGISTEN •

Nicht nur auf dem Platz herrscht Uniformpflicht. Auf Dienstreisen tragen die Spieler von professionellen Fußballteams den Klubanzug. Ein Beispiel aus der Saison 2006/07.

VfB Stuttgart .... Boss
FC Schalke 04 .... Stones
SV Werder Bremen .... Roy Robson
FC Bayern München .... Boss
Bayer 04 Leverkusen .... Toni Gard
1. FC Nürnberg .... Feraud
Hamburger SV .... Boss
VfL Bochum .... Joop
Borussia Dortmund .... Stones
Hertha BSC Berlin .... Patrick Hellmann
Hannover 96 .... Herrenausstatter Erdmann
Arminia Bielefeld .... Bugatti
Energie Cottbus .... Galeria Kaufhof • individuell erworben
Eintracht Frankfurt .... Desch Fashion
VfL Wolfsburg .... Roy Robson
FSV Mainz 05 .... swisstex
Alemannia Aachen .... Dreco
Borussia M'gladbach .... Gardeur

• HEIM 1 – AUSWÄRTS 2 •

Bisher hat nur eine Mannschaft öfter den europäischen Landesmeisterpokal oder die Champions League gewonnen als den Titel in der heimischen Liga. Nottingham Forest wurde 1978 zum ersten und bislang einzigen Mal englischer Meister. 1979 gewann der Klub den Europokal der Landesmeister (im Finale in München 1:0 gegen Malmö FF). Als Sieger durfte Nottingham im folgenden Jahr wieder antreten und besiegte diesmal im Finale in Madrid den Hamburger SV, wiederum reichte ein 1:0 ....

GÄNGIGER STADIONRASEN

Saatmischung 10% Lolium Perenne 10% Festuca Rubra 80% Poa Pratensis **Boden auf Quarzsand gezogen** pH-Wert 6,3–7,0 oder **auf Rasentragschicht gezogen** pH-Wert 6,2–7,0 **4–5 Düngungen pro Jahr** starke Düngung im Oktober mit 100–150g/m² ....

SIEGEN UND SPEISEN

Das Menü bei der Champions-League-Feier des FC Bayern München im Münchner Restaurant „Käfer“ am 24. Mai 2001.

•

Salat von Languste und Melone
mit Basilikum-Mascarpone

••

Gratinierte Spargelspitzen mit Parmesan,
San Daniele Schinken und altem Balsamico

•••

Milchkalbsrücken mit Salbei
gegrillt und gebratenen Pfifferlingen

••

Herzkirschen mit Holunderblütensorbet und
Mousse von Grießflammerie

•

2000er Chardonnay Dell'Umbria D.O.C. Lungarotti
1992er Rubesco Riserva Vigna „Monticchio“
D.O.C.G. Lungarotti

•

ES GIBT KEINE KLEINEN MEHR II

Macao Versuchte sich in der WM-Qualifikation 1994, 1998, 2002, 2006, 2010. 3 Siege, 27 Niederlagen, 1 Unentschieden. Tore 13:148

FRÜHLINGSSTURM

Australien vs. Amerikanisch-Samoa 31:0 (16:0) • Mittwoch, 11. April 2001 • 19.00 Uhr • International Sports Stadium (Coffs Harbour) • Qualifikation zur WM 2002 • Ozeanien • 1. Runde • Gruppe 1 • 3.000 Zuschauer • Schiedsrichter: Ronan Leaustic/Tahiti.

1:0 *Con Boutsianis* (10.) • **2:0** *Archie Thompson* (12.) • **3:0** *David Zdrilic* (13.) • **4:0** *Aurelio Vidmar* (14.) • **5:0** *Tony Popovic* (17.) • **6:0** *Tony Popovic* (19.) • **7:0** *David Zdrilic* (21.) • **8:0** *Archie Thompson* (23.) • **9:0** *David Zdrilic* (25.) • **10:0** *Archie Thompson* (27.) • **11:0** *Archie Thompson* (29.) • **12:0** *Archie Thompson* (32.) • **13:0** *David Zdrilic* (33.) • **14:0** *Archie Thompson* (37.) • **15:0** *Archie Thompson* (42.) • **16:0** *Archie Thompson* (45.) • **17:0** *Con Boutsianis* (50.) • **18:0** *Simon Colosimo* (51.) • **19:0** *Fausto de Amicis* (55.) • **20:0** *Archie Thompson* (56.) **21:0** *David Zdrilic* (58.) • **22:0** *Archie Thompson* (60.) • **23:0** *Archie Thompson* (65.) • **24:0** *David Zdrilic* (66.) • **25:0** *David Zdrilic* (78.) • **26:0** *Aurelio Vidmar* (80.) • **27:0** *Simon Colosimo* (81.) • **28:0** *Con Boutsianis* (84.) • **29:0** *Archie Thompson* (85.) • **30:0** *Archie Thompson* (88.) • **31:0** *David Zdrilic* (89.).

KARTENSPIEL

Manch spanischer Schiedsrichter ist recht streng. So auch Antonio Jesús López Nieto (geboren 1958), der 2002 beim WM-Vorrundenspiel zwischen Deutschland und Kamerun (2:0) in Shizuoka zu beeindrucken wusste, indem er 14-mal die gelbe und zweimal die gelb-rote Karte zeigte. Den WM-Rekord jedoch hält der russische Schiedsrichter Walentin Iwanow, der 2006 während der Partie Portugal vs. Niederlande (1:0) insgesamt 16-mal gelb (4-mal gelb-rot) zeigte.

Minute 8 .... Gelb für Foé (K)
Minute 9 .... Gelb für Jancker (D)
Minute 29 .... Gelb für Hamann (D)
Minute 31 .... Gelb für Ballack (D)
Minute 37 .... Gelb für Ramelow (D)
Minute 40 .... Gelb-Rot für Ramelow (D)
Minute 42 .... Gelb für Song (K)
Minute 42 .... Gelb für Kahn (D)
Minute 44 .... Gelb für Tchato (K)
Minute 56 .... Gelb für Gérémi (K)
Minute 58 .... Gelb für Olembé (K)
Minute 60 .... Gelb für Suffo (K)
Minute 72 .... Gelb für Ziege (D)
Minute 74 .... Gelb für Frings (D)
Minute 77 .... Gelb-Rot für Suffo (K)
Minute 81 .... Gelb für Laurén (K)

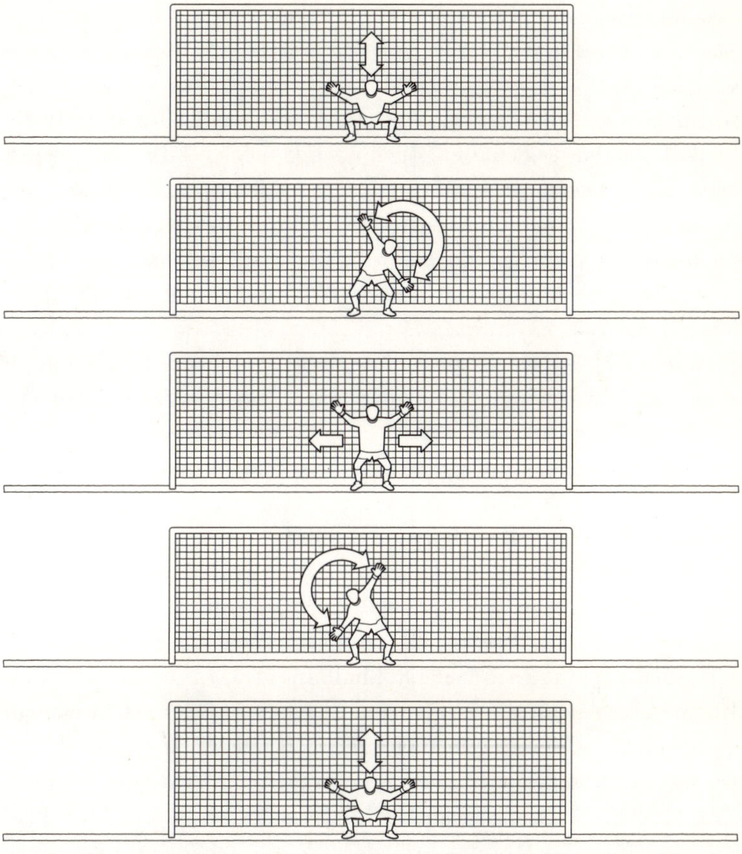

Champions-League-Finale, 25. Mai 2005, FC Liverpool vs. AC Mailand: Spielstand 3:3 nach 120 Minuten. Es folgte ein Elfmeterschießen, das Liverpool 3:2 gewann, auch, weil Liverpools polnischer Torwart Jerzy Dudek auf der Linie vor jedem Schuss einen bizarren Tanz aufführte. Der Tanz eroberte die Diskos in Italien und England, die Band „The Trophy Boyz“ komponierte eigens einen Song zum Tanz: „Do the Dudek“.

Manche Banner tauchen in den verschiedensten Stadien so oft auf, dass man sich fragt, ob eine Hundertschaft von Fans mit hunderten Exemplaren auf Reisen geht. Dem ist nicht so.

Air Bäron Der frühere HSV-Stürmer Karsten Bäron hatte viele Fans. Einen hat er behalten, auch nachdem er im Jahr 2000 wegen einer Knieverletzung seine Karriere beenden musste. Dieser Fan heißt Frank Niemann und hatte die Idee zum Banner „Air Bäron". Niemann aus Westbevern bei Münster zieht seit mehr als zehn Jahren mit dem Banner von Stadion zu Stadion, „Air Bäron" hängt überall ....

Menden Sieg Dieses Banner hängt seit 1991, wie es scheint, in jedem Stadion. Zwischen „Menden" und „Sieg" ist das Emblem des FC Schalke 04 zu sehen. Dahinter stecken drei reiselustige Personen, die Familie Jentges aus Menden bei Bonn – nicht aus Menden im Sauerland ....

Ruhrpott-Rambos Die Ruhrpott-Rambos sind ein Borussia-Dortmund-Fanklub aus Essen, der sich selbst bekannter machen wollte. Das hat ganz gut geklappt. Die Ruhrpott-Rambos sind, dank des Banners, nicht nur Fußballfans, sondern auch Journalisten aufgefallen. Und damit noch mehr Fußballfans ....

Rheine Carsten Jüttner aus Rheine ist Fan von Borussia Mönchengladbach. Auf seinem Banner steht „Rheine", eingerahmt von Deutschlandflaggen, wie man im Fernsehen immer wieder sieht .....

Red Munichs Auch das gibt es: echte Fans des FC Bayern München, die nicht bloß Trittbrettfahrer des Erfolgs sind. Der 13-köpfige Fanklub „Red Munichs" pfeift auf Autogramme von Spielern und konzentriert sich darauf, alle Spiele des Klubs zu sehen – und das Banner aufzuhängen. Das letzte Spiel der Bayern, bei dem keines der 13 Mitglieder im Stadion weilte, war nach eigener Auskunft ein Freundschaftsspiel in den USA, 1994. Länderspiele sind ebenfalls Pflichttermine. Spielen ja Bayernspieler mit ....

• KLEINER WETTBETRUG •

Es war das Jahr 1992, als sich ein Zocker überlegte, dass er nun reich werden würde. Er hatte sich einen feinen Plan zurechtgelegt, an den er sich eisern hielt. Auf einen Tippschein trug er die Ergebnisse von 61 Fußballspielen ein, die am zweiten Weihnachtsfeiertag in Großbritannien ausgetragen werden sollten. Anschließend begab er sich auf einen kleinen Spaziergang, der ihn zum Buchmacher Ladbrokes führte. Dort gab er seinen Tippschein ab, nahm seine Kopie in Empfang, und jetzt mussten nur noch die 61 Spiele so ausgehen wie prophezeit. Das geschah erstaunlicherweise nicht, doch der Zocker hatte für diesen Fall vorgesorgt. Er fälschte seine Kopie des Tippscheins, er legte sie Ladbrokes vor, und siehe: alle 61 Spiele genau richtig getippt. Die Gewinnsumme hätte 3.826 Billionen Pfund betragen, also etwa das Zehnfache des damaligen britischen Bruttoinlandsprodukts. Es überrascht kaum, dass Ladbrokes nicht klaglos auszahlte und gratulierte, sondern leise Skepsis anmeldete. Die leise Skepsis führte zu einem Gerichtsverfahren, in dem der Zocker schließlich zugab, dass er nicht der rechtmäßige Gewinner von 3.826 Billionen Pfund war. Dass der Zocker Schotte war, sei hier nur am Rande erwähnt ....

• DIE WELTTORHÜTER DES JAHRHUNDERTS •

Die Welttorhüter des Jahrhunderts wurden im Jahr 2000 von der – allerdings dubiosen – Internationalen Föderation für Fußball-Geschichte und Statistik ermittelt.

1. Platz Lew Jaschin **geboren 1929** .... Russland
2. Platz Gordon Banks **geboren 1937** .... England
3. Platz Dino Zoff **geboren 1942** .... Italien
4. Platz Sepp Maier **geboren 1944** .... Deutschland
5. Platz Ricardo Zamora **geboren 1961** .... Spanien
6. Platz José Luis Chilavert **geboren 1965** .... Paraguay
7. Platz Peter Schmeichel **geboren 1963** .... Dänemark

• TABELLENNACHBARN •

Rumänien 1983/84, Divizia C, Seria A VIII-A.

Platzierung • Verein	Spiele	S	U	N	T	P
01. Muresul Deva *Aufgestiegen*	30	16	6	8	53:33	38
02. UMT Timisoara	30	14	3	13	57:37	31
03. Mecanica Orastie	30	15	1	14	49:53	31
04. Minerul Paroseni	30	13	5	12	41:46	31
05. Minerul Moldova-Noua	30	14	2	14	41:39	30
06. Minerul Stiinta Vulcan	30	13	4	13	38:47	30
07. Metalul Bocsa	30	13	3	14	40:32	29
08. Dacia Orastie	30	11	7	12	58:50	29
09. Minerul Certej	30	13	3	14	48:47	29
10. Metalul Otelu-Rosu	30	14	1	15	38:40	29
11. Minerul Anina	30	13	3	14	46:48	29
12. Victoria Calan	30	13	3	14	35:37	29
13. Constructorul Timisoara	30	13	3	14	57:62	29
14. Minerul Oravita	30	13	3	14	39:45	29
15. Minerul Ghelar *Abgestiegen*	30	12	5	13	35:52	29
16. Minerul Aninoasa *Abgestiegen*	30	11	6	13	32:39	28

Eine engere Tabelle wurde bislang nicht entdeckt. Neun Mannschaften kamen auf die gleiche Punktzahl. Den Vorletzten und den Zweiten trennten zwei Punkte. Bemerkenswert erscheint ferner, dass acht Mannschaften das Wort *Minerul* im Namen führen.

• EUROPAMEISTER •

1960 und 1964 hieß der Wettbewerb „Europapokal der Länder", seit 1968 heißt er Europameisterschaft.

1960 Sowjetunion • 1964 Spanien • 1968 Italien • 1972 Deutschland • 1976 Tschechoslowakei • 1980 Deutschland • 1984 Frankreich • 1988 Niederlande • 1992 Dänemark • 1996 Deutschland • 2000 Frankreich • 2004 Griechenland • 2008 Spanien ....

BOMBER DER NATION II

Spieler	Land	Ligaspiele	Tore
Silvio Piola	Italien	537	**274**
Pro Vercelli			1929–1934
Lazio Rom			1934–1943
AC Turin			1944
Novara Calcio			1945
Juventus Turin			1945–1947
Novara Calcio			1947–1954

FUSSFEHLER

Spreizfuß Auseinanderspreizung der Mittelfußknochen. Durch das Absenken der Mittelfußknochenenden wird die Weichteilstruktur der Sohle geändert. Durchgetretenes Quergewölbe. Folge: Schwielenbildung und weitere Beschwerden ....

Senkfuß Form der muskulären Fußschwäche, die aus dem Nachgeben des Längsgewölbes resultiert. Hervortreten des Kahnbeins. Ursache: Lockerung der Längsverspannung in der Fußsohle, Fußwurzelknochen verlagern sich nach innen, dadurch Abflachung. Folge: schmerzhafte Ausstrahlungen bis in die Hüfte und den Rücken ....

Plattfuß Fußdeformation, bei der der Fuß über seine gesamte Fläche abrollt, der Vorfuß sich nach außen dreht und das Fersenbein nach innen knickt. Kahnbein tritt hervor. Adduktion des Vorfußes, Schiefgroßzehe. Ursache: angeboren oder als Folge von Lähmung. Folge: schmerzhafte Ausstrahlungen bis in den Kopf ....

Hohlfuß Umgekehrte Deformation: kein Durchtreten, sondern ein hoher steiler Rist und angezogene Krallenzehen. Trittspur weist kaum Verbindung zwischen Vor- und Rückfuß auf. Ursache: plantare Bänder und Plantaraponlurose (Fußsohlenblatt) lassen keine Streckung des Längsgewölbes zu ....

Albert Camus .... Philosoph

Ehemals Torwart bei Racing Universitaire d'Algier ....

•••

Julio Iglesias .... Schlagersänger

Ehemals Torhüter bei Real Madrid, Jugend ....

•••

Marcel Reif .... Fernseh-Kommentator

Ehemals Verteidiger beim 1. FC Kaiserslautern, Jugend ....

•••

Gerhard Schröder .... Bundeskanzler a.D.

Ehemals Mittelstürmer beim TuS Talle ....

•••

Rod Stewart .... Sänger

Ehemals Stürmer beim FC Brenton ....

•••

Edmund Stoiber .... Bayerischer Ministerpräsident a.D.

Ehemals Mittelläufer bei BCF Wolfratshausen ....

•••

Jack White *(alias Horst Nussbaum)* .... Schlagerproduzent

Ehemals Mittelfeldspieler bei Viktoria Köln, FK Pirmasens, PSV Eindhoven ....

•••

Robbie Williams .... Sänger

Ehemals Mittelfeldspieler beim FC Port Vale ....

•••

Karol Wojtyla .... Papst Johannes Paul II.

Ehemals Torhüter beim FC Wadowice. Spitzname „Lolek" ....

•••

Sönke Wortmann .... Regisseur

Ehemals Mittelfeldspieler bei der SpVgg Erkenschwick ....

•••

•

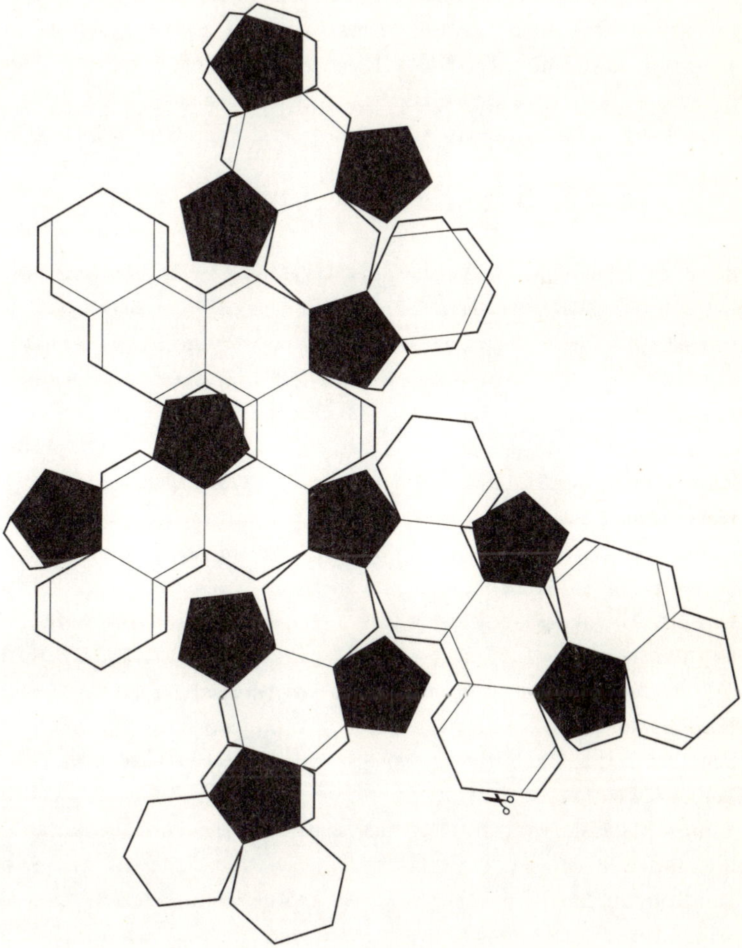

• BUNTE LIGA •

In ganz Deutschland wird in Freizeitligen gekickt. Manche nehmen das recht ernst, andere gehen die Sache eher locker an, was dazu führt, dass ihnen schöne Vereinsnamen einfallen.

Juventus Urin • Wismut Haue • Ajax Aus der Traum • Egal Madrid • Hinter Mailand • FC/DC • Dynamo Tresen • Hertha BSE • Preußen Künstler • Sturm Gras • Lazio Koma • Becks Street Boys • FC KW • FC Sehr Roberto • Die 11 Apostel • Hellas Corona ....

• DIENSTLICH UNTERWEGS •

Zu den Annehmlichkeiten des Daseins als Fußballprofi gehört ein Dienstwagen. Die Spieler des FC Bayern München fahren Audi. Zu Beginn der Saison 2009/10 sah der Fuhrpark aus, wie im Folgenden dargestellt. Einige Spieler wechselten im Laufe der Saison zu anderen Klubs, was bedeutete, dass sie die Autoschlüssel wieder abgeben mussten.

Lahm Philipp *Modell* **Audi RS6** *Motor* **5.0 TFSI quattro tiptronic** *Farbe* **Phantomschwarz Perleffekt** *Leistung in PS* 580

Ribéry Franck *Modell* **Audi RS6 Avant** *Motor* **5.0 TFSI quattro tiptronic** *Farbe* **Phantomschwarz Perleffekt** *Leistung in PS* 580

Demichelis Martin *Modell* **Audi S8** *Motor* **5.2 FSI quattro tiptronic** *Farbe* **Eissilber Metallic** *Leistung in PS* 450

Klose Miroslav *Modell* **Audi S8** *Motor* **5.2 FSI quattro tiptronic** *Farbe* **Sattelbraun Perleffekt** *Leistung in PS* 450

Olic Ivica *Modell* **Audi S8** *Motor* **5.2 FSI quattro tiptronic** *Farbe* **Eissilber Metallic** *Leistung in PS* 450

Schweinsteiger Bastian *Modell* **Audi S8** *Motor* **5.2 FSI quattro tiptronic** *Farbe* **Brillantschwarz** *Leistung in PS* 450

Timoschtschuk Anatoli *Modell* **Audi S8** *Motor* **5.2 FSI quattro tiptronic** *Farbe* **Brillantschwarz** *Leistung in PS* 450

van Bommel Mark *Modell* **Audi S8** *Motor* **5.2 FSI quattro tiptronic** *Farbe* **Phantomschwarz Perleffekt** *Leistung in PS* 450

Altintop Hamit *Modell* **Audi S6** *Motor* **5.2 FSI quattro tiptronic** *Farbe* **Phantomschwarz Perleffekt** *Leistung in PS* 435

Borges Breno *Modell* Audi S6 *Motor* 5.2 FSI quattro tiptronic *Farbe* Ibisweiß *Leistung in PS* 435

Braafheid Edson *Modell* Audi S6 *Motor* 5.2 FSI quattro tiptronic *Farbe* Brillantschwarz *Leistung in PS* 435

Rensing Michael *Modell* Audi S6 Avant *Motor* 5.2 FSI quattro tiptronic *Farbe* Phantomschwarz Perleffekt *Leistung in PS* 435

Kraft Thomas *Modell* Audi S4 *Motor* 3.0 TFSI quattro 6-Gang *Farbe* Phantomschwarz Perleffekt *Leistung in PS* 333

Lell Christian *Modell* Audi S5 Cabriolet *Motor* 3.0 TFSI quattro S tronic *Farbe* Phantomschwarz Perleffekt *Leistung in PS* 333

Ottl Andreas *Modell* Audi S5 Cabriolet *Motor* 3.0 TFSI quattro S tronic *Farbe* Phantomschwarz Perleffekt *Leistung in PS* 333

Pranjic Danijel *Modell* Audi Q7 *Motor* 4.2 TDI quattro tiptronic *Farbe* Orcaschwarz Metallic *Leistung in PS* 326

Gomez Mario *Modell* Audi Q7 *Motor* V12 TDI quattro tiptronic *Farbe* Orcaschwarz Metallic *Leistung in PS* 326

Sosa Jose Ernesto *Modell* Audi Q7 *Motor* 4.2 TDI quattro tiptronic *Farbe* Phantomschwarz Perleffekt *Leistung in PS* 326

Toni Luca *Modell* Audi Q7 *Motor* 4.2 TDI quattro tiptronic *Farbe* Phantomschwarz Perleffekt *Leistung in PS* 326

van Buyten Daniel *Modell* Audi Q7 *Motor* 4.2 TDI quattro tiptronic *Farbe* Ibisweiß *Leistung in PS* 326

Badstuber Holger *Modell* Audi S3 Sportback *Motor* 2.0 TFSI quattro S tronic *Farbe* Ibisweiß *Leistung in PS* 265

Baumjohann Alexander *Modell* Audi Q7 *Motor* 3.0 TDI quattro tiptronic *Farbe* Orcaschwarz Metallic *Leistung in PS* 240

Müller Thomas *Modell* Audi A5 Coupé *Motor* 3.0 TDI quattro tiptronic *Farbe* Brillantschwarz *Leistung in PS* 240

Butt Hans-Jörg *Modell* Audi A6 Allroad *Motor* 3.0 TDI quattro tiptronic *Farbe* Quarzgrau Metallic *Leistung in PS* 233

•••

DAS TOR

Ein Fußballtor ist 7,32 Meter breit und 2,44 Meter hoch. Diese krumme Zahl entspringt keineswegs einem Funktionärsirrsinn, sondern geht auf die Festlegung der Maße in England zurück, wo man das metrische System noch immer eher gering schätzt. Die Maße dort sind: Breite 24 Fuß, Höhe acht Fuß. Damit könnte alles zum Tor gesagt sein, doch es gibt viele, viele Regeln, die das Tor betreffen. Sehr schön dabei die DFB-Regel 1 (Das Spielfeld), die vorschreibt, dass Pfosten und Latte weiß sein müssen. Das Schöne daran erschließt sich erst beim Lesen einer DFB-Anweisung zum Spielbetrieb, wonach „bei Toren aus Metall die natürliche Silberfarbe zulässig ist". Für den Spielbetrieb empföhle sich also ein Tor aus Aluminium in Mattsilber, eloxiert, mit vielen Sicherheitszonen, Ovalprofile entsprechend DIN 7900 und 500 Millimeter tiefen Bodenhülsen. Im ausgewählten Tor-Fachhandel ist mit folgenden Preisen zu rechnen (Lieferung frei Haus): ....

Alu .... Euro 839
Alu weiß .... Euro 890
Alu eloxiert, eckverschweißt .... Euro 942
Alu weiß, eckverschweißt .... Euro 993

DIE AFRIKAMEISTER

Seit 1957 wird die Afrikameisterschaft ausgespielt, sie ist damit älter als die Europameisterschaft. Die Teilnehmerzahl stieg kontinuierlich, seit 1998 spielen 16 Mannschaften mit.

1957 Ägypten • 1959 Ägypten • 1962 Äthiopien • 1963 Ghana • 1965 Ghana • 1968 Demokratische Republik Kongo • 1970 Sudan • 1972 Republik Kongo • 1974 Zaire • 1976 Marokko • 1978 Ghana • 1980 Nigeria • 1982 Ghana • 1984 Kamerun • 1986 Ägypten • 1988 Kamerun • 1990 Algerien • 1992 Elfenbeinküste • 1994 Nigeria • 1996 Südafrika • 1998 Ägypten • 2000 Kamerun • 2002 Kamerun • 2004 Tunesien • 2006 Ägypten • 2008 Ägypten • 2010 Ägypten ....

1974 nahm die DDR an der Fußball-Weltmeisterschaft teil. Dazu gab es auch einen WM-Song von Frank Schöbel (Text: Dieter Schneider), der den harmlosen Titel trug: „Ja, der Fußball ist rund wie die Welt". Ganz heimlich war der Text ein wenig subversiv, denn der Fußball mag zwar rund wie die Welt sein, was aber noch lange nicht hieß, dass man diese Welt bereisen durfte. Im Text heißt es dazu: „Alle fiebern mit zu Haus". Auch die Zeile „Keiner soll im Abseits stehen" kann man politisch verstehen.

•

Heute wird was los sein
Heute müsst ihr groß sein
Heute, wenn das Spiel beginnt
Seht, wie sie sich drängen – Oben auf den Rängen
Es ist wahr, wer wagt, gewinnt
Jagt das runde Leder – Tore sehn will jeder
Keiner soll im Abseits stehn
Bringt das Spiel ins Rollen
Wie es alle wollen
Lasst euch keinen Ball entgehn
Heute wolln wir sehen – Wie die Chancen stehen
Alle fiebern mit zu Haus
Lasst den Fußball leben – Tore soll es geben
Lasst nicht einen Ball ins Aus
Unser Herz wird mit euch sein
Nein, ihr spielt nicht allein

•

Ja, der Fußball ist rund wie die Welt – Überall rollt der Ball

•

Und wenn einer zum anderen hält
Trifft der Ball, klarer Fall

•

Und wenn einer zum anderen hält
Trifft der Ball, klarer Fall

Hund Pickles, englischer Nationalheld, buddelte den am 20. März 1966 aus einer Ausstellung in London gestohlenen Coupe Jules Rimet, den damaligen Pokal für den Weltmeister, in einem Garten aus und rückte ihn im Tausch gegen einen Knochen wieder heraus. Das war acht Tage nach dem Diebstahl ....

Schildkröte Selbst die Warnung, beim Betreten des Stadions verhaftet werden zu können, hielt viele hundert Fans von Flamengo Rio de Janeiro nicht davon ab, dem Spieler Edmundo, genannt „Das Tier“, zu huldigen und 1995 immer wieder allerhand Getier, so auch eine riesige Schildkröte – stilecht geschmückt mit den Farben des Vereins –, mit auf die Ränge zu nehmen ....

Geier Als es einem Geier in seinem Vogelreservat auf den Kanarischen Inseln recht langweilig wurde, flog er davon. Man schrieb das Jahr 1995. Es war ein großer Geier, er streckte seine Flügel auf eine Spannweite von gut zwei Metern. Sein Flug führte ihn zu einem Fußballfeld auf Teneriffa, auf dem gerade gespielt wurde. Der Geier griff erst den Schiedsrichter an, dann mehrere Spieler. Glücklicherweise wurde niemand ernsthaft verletzt ....

Schäferhund Am 6. September 1969, beim Revierderby zwischen Dortmund und Schalke, geschah es, dass Friedel Rausch in der Torfreude über das von Hansi Pirkner erzielte Schalker 1:0 ein Stück einer Pobacke verlor. Als er der das Spielfeld umgebenden Laufbahn zu nahe kam, konnte ein Dortmunder Ordner seinen Hund nicht festhalten, der erst Gerd Neuser in die Wade biss und dann Friedel Rausch in den Hintern. Beim Rückspiel waren die Schalker Ordner bestens gewappnet und liefen mit vier echten Löwen an der Seitenlinie auf ....

Pferde 1990 sagte Saudi-Arabien seine Teilnahme am Golf-Cup in Kuwait ab, da die Veranstalter im Logo zwei Pferde abbildeten, die traditionell die Niederlage saudischer Stämme gegen Kuwait im Jahre 1919 symbolisieren ....

Möwe Als Danny Worthington, 13-jähriger Stürmer der Stalybridge Celtic Colts, in einem Jugendspiel im Jahr 1999 einen Volleyschuss außerhalb des Sechzehnmeterraums abgegeben hatte, rechnete er nicht mit einem Torerfolg. Zu unglücklich verlief die Flugbahn des Balles. Doch plötzlich griff eine Möwe ins Spiel ein, sie senkte im Flug den Kopf, und vom kleinen Kopf der Möwe prallte der Ball ins Tor. Der Schiedsrichter gab den Treffer, die Möwe nahm sich einige Minuten zur Erholung und flog weiter ....

Schmetterling Hunderttausende schwarzer Schmetterlinge störten das WM-Qualifikationsspiel zwischen Kamerun und Guinea 1993 (3:1) und verließen das Stadion erst nach dem Abpfiff ....

Amsel Dass Vögel das Spielfeld entern, kommt recht häufig vor. Manchmal werden sie auch von Spielern – wie im bekannten Fall von Sepp Maier und der Ente – gejagt. Selten verweilen sie länger. Einmal doch: Als Schweden im WM-Viertelfinale 1938 in Paris nach schneller Führung (Arne Nyberg nach 35 Sekunden) von den Ungarn komplett auseinander genommen wurde, konzentrierte sich das Spiel derart auf ein Tor, dass eine Amsel die Rekordzeit von neun Minuten ungestört in der ungarischen Hälfte verbringen durfte. Endergebnis: 1:5 ....

Adler Einen Motivationstrick hatte sich Klaus Toppmöller in der Spielzeit 1993/94 überlegt, er war Trainer von Eintracht Frankfurt. Kurz vor Spielbeginn rief er in der Kabine seine Mannen zusammen, hieß sie hinsetzen und verschwand im Nebenraum. Als er zurückkehrte, saß auf seinem Arm ein Adler, ein echter Adler. Frankfurt erreichte dann immerhin ein 2:2 gegen den FC Bayern München ....

• ES GIBT KEINE KLEINEN MEHR III •

San Marino Versucht sich in den WM-Qualifikationen seit 1994. 0 Siege, 45 Niederlagen, 2 Unentschieden. Torverhältnis 8:209 ...

Deutsches Stadion Berlin – 1913 als „Kaiser Wilhelm Stadion“ eröffnet, 1934 abgerissen. Was bleibt: die historische Bedeutung als erstes deutsches Olympiastadion, obwohl die Spiele 1916 abgesagt wurden ....

Wankdorfstadion I. Bern – 1925 eröffnet, vor der WM 1954 abgerissen • II. Bern – 1954 eröffnet, 2001 abgerissen. Was bleibt: das Wunder von Bern ....

Hertha-Platz am Gesundbrunnen genannt „An der Plumpe“ • Berlin – Mitte der 1970er Jahre abgerissen. Was bleibt: die historische Bedeutung als erstes Stadion von Hertha BSC Berlin ....

Stadion der Weltjugend Berlin – 1950 als „Walter-Ulbricht-Stadion“ eröffnet, 1992 bis 1994 abgerissen. Was bleibt: ein Areal, das als Golf- und Beachvolleyballplatz sowie als BMX-Strecke genutzt wird ....

Sportplatz am Rothenbaum Hamburg – 1910 vom Hamburger Fußball-Club (später im HSV aufgegangen) gepachtet, 1994 Abrissbeginn. Was bleibt: die historische Bedeutung als erster Spielort des Hamburger SV ....

Volksparkstadion Hamburg – 1953 eröffnet, ab 1998 in vier Abschnitten abgerissen. Was bleibt: der Standort für das neue Stadion, die Rasenfläche wurde um 90 Grad gedreht ....

Stadion an der Jakobshöhe Bayreuth – 1925 eröffnet, 2000 abgerissen. Was bleibt: das Eingangstor, darüber der Schriftzug „Spielvereinigung“.

Ernst-Thälmann-Stadion Potsdam – 1948 errichtet, 2001 abgerissen. Was bleibt: ein Lustgarten an gleicher Stelle ....

Rheinstadion Düsseldorf – 1926 eröffnet, 2002 abgerissen. Was bleibt: dass man auf niederländischen Autobahnen über das Rheinstadion fährt; der Schutt wurde dort als Straßenbaumaterial verwendet ....

Parkstadion Gelsenkirchen – 1973 eröffnet, 2002 teilweise abgerissen. Was bleibt: die Erinnerung an das Stadion als Ort des traurigsten Erfolgs der jüngeren Geschichte des FC Schalke 04, die „Meisterschaft der Herzen“ 2001, sprich: der zweite Platz ....

Wembley-Stadion London – als Empire Stadion 1923 eröffnet, 2003 abgerissen. Was bleibt: Ärger englischer Fans, denn ein Deutscher, Dietmar Hamann, schoss das letzte Tor ....

Ernst-Grube-Stadion Magdeburg – 1955 eröffnet, 1957 fertiggestellt, 2005 abgerissen. Was nicht mehr bleibt: 150.000 Kubikmeter Weltkriegsschutt, die für den Tribünenbau benutzt worden waren ....

• OHNE VOKAL •

Einige italienische Nationalspieler, die nicht mit einem Vokal enden.

Roberto Anzolin .... Juventus Turin
Paolo Barison .... AS Rom
Enzo Bearzot .... Inter Mailand, AC Turin
Gianfranco Bedin .... Inter Mailand
Albertino Bigon .... AC Mailand
Ivano Bordon .... Inter Mailand, Sampdoria Genua
Gianluigi Buffon .... AC Parma, Juventus Turin
Lorenzo Buffon .... Inter Mailand
Tarcisio Burgnich .... Inter Mailand
Sandro Cois .... AC Florenz
Mario David .... AC Mailand
Diego Fuser .... AS Rom
Guido Gratton .... AC Florenz
Francesco Janich .... FC Bologna
Roberto Marangon .... AS Rom
Carlo Mattrel .... US Palermo
Gianfranco Petris .... AC Florenz
Morgan de Sanctis .... FC Sevilla
Omero Tognon .... AC Mailand
Paride Tumburus .... FC Bologna
Pietro Vierchowod .... AC Florenz, Sampdoria Genua
Antonio Vojak .... SSC Neapel
Giuseppe Wilson .... Lazio Rom
Dino Zoff .... Juventus Turin

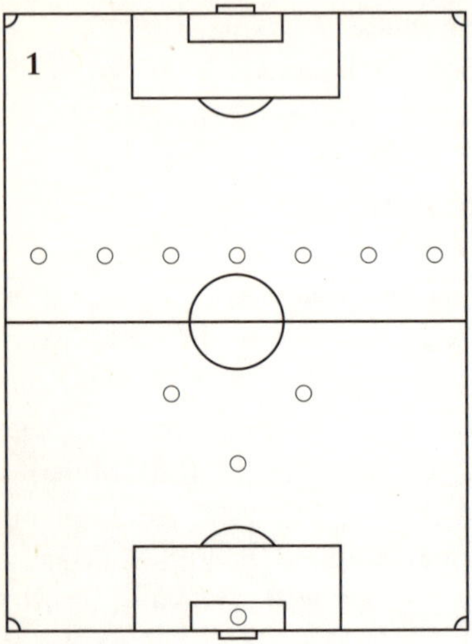
1

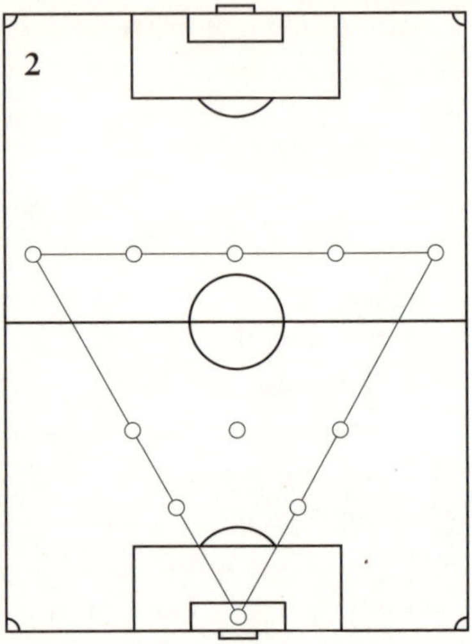
2

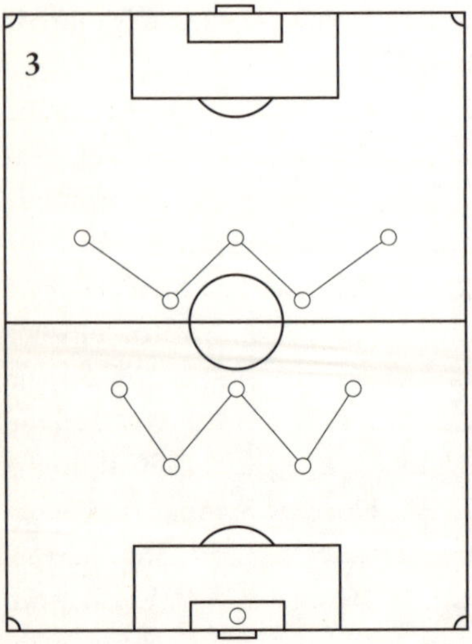
3

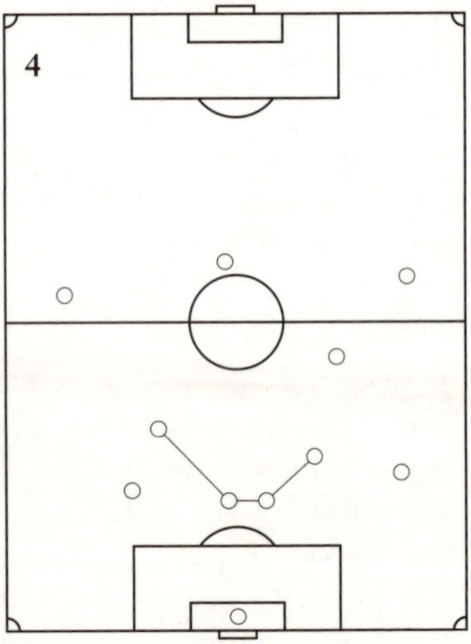
4

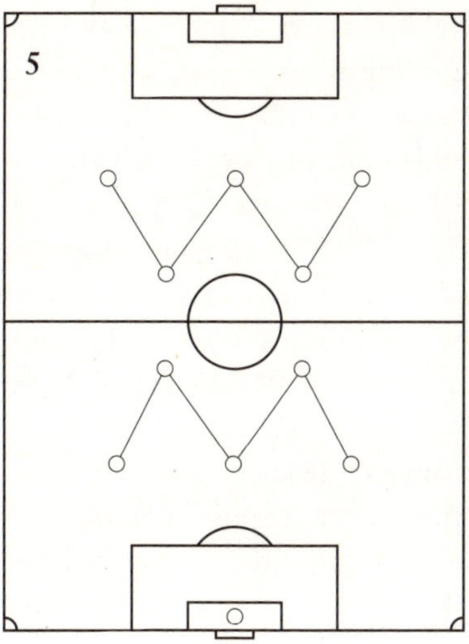

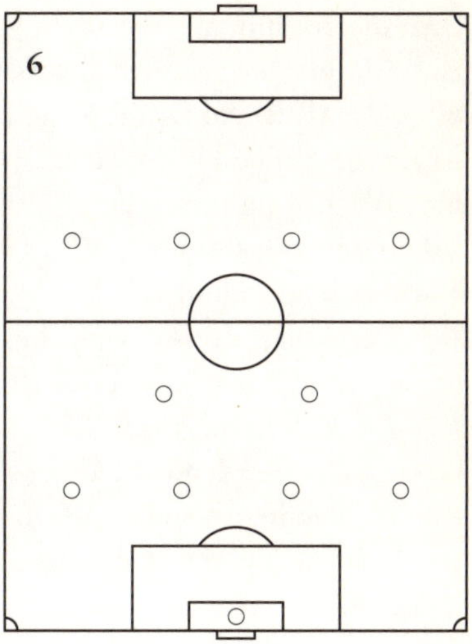

1) 1-1-2-7 • Entwickelt von Charles William Alcock (FC Wanderers), dem ersten Präsidenten des englischen Verbandes FA (1870–1895) ....

2) 1-2-3-5 • Die Schottische Furche, in Gebrauch bis in die Zwanzigerjahre ....

3) 1-2-3-2-3 • Metodo, entwickelt von Vittorio Pozzo. Das System der italienischen Weltmeistermannschaft von 1934 und 1938 basierte auf dem 1-2-3-5, das von den Tschechen, Österreichern und Ungarn, der so genannten Donau Schule, gespielt wurde ...

4) Der Schweizer Riegel • Praktiziert in der Schweizer Nationalmannschaft um 1938, entwickelt von Karl Rappan aus Wien ....

5) Das WM-System • Lange erfolgreiche Taktik der Fünfzigerjahre, perfektioniert von Herbert Chapman (Arsenal London). Die festen Positionen der einzelnen Spieler ergeben eine klare Zuordnung ....

6) 4-2-4 • Die Spielordnung, mit der Brasilien 1958 in Schweden Weltmeister wurde. Nach dieser WM spielten viele Mannschaften das brasilianische 4-2-4-System, das später, weil es andernorts an Stürmern wie Vava, Zagalo, Pelé und Garrincha mangelte, zu einem 4-3-3 und schließlich zu einem 4-4-2 wurde ....

Über die Bedeutung einer guten Verteidigung gibt es im Fußball keine zwei Meinungen. Natürlich sorgt der Sturm fürs Spektakel und das offensive Mittelfeld für die Schönheit oder die Effizienz und die Regie. Aber zum Fußball gehört das Verhindern ebenso wesentlich wie das Erschaffen. Und dieses Verhindern: Nun, es ist eine der großen Aufgaben der Verteidigung. Von 1981 bis 1985 wurde die Schweizer Nationalmannschaft von *Paul Wolfisberger* trainiert ....
Das Kernstück der Auswahl bestand aus den Spielern *Heinz Hermann, Heinz Lüdi, Lucien Favre* (der im Mittelfeld agierte) und *André „Andy" Egli* ....
Gemeinsam wurden sie „Abbruch GmbH" genannt. Und das nicht, weil sie dachten: Och, aus Defensive mache ich mir eher weniger. Der „Abbruch GmbH" gelangen spektakuläre Erfolge, zum Beispiel 1982 ein 1:0-Auswärtssieg gegen Weltmeister Italien. Leider ging diese schöne Epoche eines Tages zu Ende, wie alles Schöne ein Ende findet ....
Trainer *Wolfisberger,* im Leben außerhalb des Fußballs Hochbauzeichner, kehrte 1989 nach vierjähriger Pause ein letztes Mal auf die Bank zurück. Schließlich führte der Wunsch, sich ganz seinem Architekturbüro widmen zu können, zum Bruch mit der Schweizer Nationalmannschaft ....
Heinz Hermann zog sich nach dem Karriereende auf die Balearen zurück, wo er einen Hotelkomplex aufbaute ....
Heinz Lüdi brach nach dem Karriereende seine Zelte in der Schweiz ab und zog nach Ibiza ....
André Egli gründete 1992 die Spielergewerkschaft Profoot, die lediglich bis 1997 Bestand hatte ....
Lucien Favre, der sich am 13. September 1985 beim Spiel Servette Genf gegen Vevey-Sports bei einem Foul von Gabat Chapuisat mehrere Knochen brach und erst 1991 wieder spielen konnte, trainierte von Juli 2007 bis September 2009 Hertha BSC Berlin ....

DIE MITGLIEDER DER G14

Die G14 war die Vereinigung der mächtigsten Fußballvereine Europas. Zwischenzeitlich gehörten der Vereinigung 18 Vereine an (ursprünglich 14), der Name blieb trotz der Aufstockung bestehen. „The voice of the clubs" nannte sich die Interessenvertretung; meist ging es darum, die Klubinteressen gegen die der nationalen oder internationalen Verbände durchzusetzen. Die G14 wurde am 15. Januar 2008 aufgelöst.

Ajax Amsterdam • FC Barcelona • Borussia Dortmund • PSV Eindhoven • Bayer 04 Leverkusen • FC Liverpool • Arsenal London • Olympique Lyon • Real Madrid • AC Mailand • Inter Mailand • Manchester United • Olympique Marseille • FC Bayern München • Paris Saint-Germain • FC Porto • Juventus Turin • FC Valencia ....

GELBE UND ROTE KARTEN

Bestehen meist aus Polystyrol (PS) oder Polyvinylchlorid (PVC). Wiederkehrende Kennzeichen: speziell abgerundete Ecken, immer wieder einsetzbar, 12 x 9 cm.

Polystyrol amorpher, transparenter Thermoplast; Massenkunststoff mittlerer Härte und Festigkeit; wird durch Polymerisation des Monomers Styrol gewonnen; die Dichte von solidem Polystyrol liegt zwischen 1,04 und 1,09 g/cm^2; entwickelt beim Verbrennen stechend riechende Dämpfe, die aber nicht giftig sind. Physiologisch unbedenklich. Beständig gegen Laugen und Mineralsäuren, nicht gegen Benzin und Keton. UV-empfindlich. Recycelbar ....
Polyvinylchlorid amorpher thermoplastischer Kunststoff; wird aus seinem Monomer, Vinylchlorid, erzeugt. Kettenverlängerung erfolgt entweder durch radikalische oder durch ionische Polymerisation ...

Erstmals bei der EM 2004 verwendet: Wendekarte 3 in 1 „Flip". PVC-Doppelfolie mit Klettpunkt-Fixierung. Hohe Signalwirkung. Außen neon-gelb, innen neon-rot beschichtet. Für alle drei Disziplinarmaßnahmen (gelb, gelb/rot und rot) durch einfaches Umklappen nur noch eine einzige Karte nötig.

Paul Breitner .... FC Bayern München
Roland Dickgießer .... SV Waldhof Mannheim
Volker Faß .... Kickers Offenbach
Marcus Feinbier .... Fortuna Düsseldorf
Laurent Guthleber .... Fortuna Düsseldorf
Hans Humpa .... TSV 1860 München
Bernd Kipp .... Fortuna Düsseldorf
Horst Kirsch .... Borussia Neunkirchen
Hans-Jürgen Kleinholz .... 1. FC Köln
Max Kümmerling .... TSG Hoffenheim
Altin Lala .... Hannover 96
Markus Lösch .... 1. FC Nürnberg
Rainer Malzkorn .... Borussia Mönchengladbach
Patrick Milchraum .... TSV 1860 München
Attila Pinte .... Györi ETO FC
Michael Probierz .... KFC Uerdingen
Jürgen Radau .... Karlsruher SC
Sascha Rammel .... Borussia Dortmund
Friedel Rausch .... FC Schalke 04
Jack Sanniels .... Niederländisch-Indien
Carsten Schiel .... Eintracht Trier
Mikhail Smirnov .... Stuttgarter Kickers
Jürgen Sparwasser .... 1. FC Magdeburg
Heinz Spundflasche .... Hamburger SV
Joachim Standfest .... Austria Wien
Gerhard Strack .... 1. FC Köln
Guido Streichsbier .... TSG Hoffenheim
Patrick Suffo .... Sheffield United
Wim Suurbier .... Ajax Amsterdam
Winfried Wottka .... Hannover 96
Reinhold Zech .... 1. FC Saarbrücken

Die österreichische Nationalmannschaft der Jahre 1931 und 1932 wurde und wird als Wunderteam bezeichnet. Sie machte mit vielen und oft auch hohen Siegen auf sich aufmerksam. Trainer war der legendäre Hugo Meisl, Star des Teams war Matthias Sindelar. 1932 verlor das Wunderteam im Wembley-Stadion gegen England – es war ein großes Spiel, das den Ruhm der Elf trotz der Niederlage noch mehrte. Um ein Haar wäre die Mannschaft die Erste vom Kontinent gewesen, die in Wembley gewinnt. Sie hätte es, wenn man das nach all den Jahren sagen kann, verdient gehabt ....

1931

Österreich *vs.* Schottland in Wien	5:0
Deutschland *vs.* Österreich in Berlin	0:6
Österreich *vs.* Schweiz in Wien	2:0
Österreich *vs.* Deutschland in Wien	5:0
Ungarn *vs.* Österreich in Budapest	2:2
Schweiz *vs.* Österreich in Basel	1:8

1932

Österreich *vs.* Italien in Wien	2:1
Österreich *vs.* Ungarn in Wien	8:2
Tschechoslowakei *vs.* Österreich in Prag	1:1
Schweden *vs.* Österreich in Stockholm	3:4
Ungarn *vs.* Österreich in Budapest	2:3
Österreich *vs.* Schweiz in Wien	3:1
England *vs.* Österreich in London	4:3
Belgien *vs.* Österreich in Brüssel	1:6
Frankreich *vs.* Österreich in Paris	0:4
Österreich *vs.* Tschechoslowakei in Wien	1:2

Beckenbauer 5 Cup Adidas Weiches Leder, strapazierfähig, Kunststoffstollen für Asche-, Rasen- und Kunstrasenplätze, benannt nach Franz Beckenbauer ....

•••

Pulsado TRX FG & TRX TF Beckham-Edition Adidas Free-Kick-Leder, Traxion-Technologie, asymmetrisches Schnürsystem, benannt nach David Beckham ....

•••

Predator Pulse II TRX FG Beckham-Dragon-Edition Adidas Drachenhaut-Schuppenoptik, Schaft aus Super-League-Leder, asymmetrisches Schnürsystem, silber-metallic, benannt nach David Beckham.

•••

King Eusébio Puma Benannt nach Eusébio ....

•••

Gerd Müller Adidas Stollenschuh, hat keine Stahlkappe, sieht aber so aus, benannt nach Gerd Müller ....

•••

F50i Tunit Messi Edition Adidas Schaft aus Sprintskin oder adiDot, Alles-Klar-Technologie, Modulares Stollensystem, Lace Cover, Farbe: Cyan/Running White/Black, benannt nach Lionel Messi ....

•••

Okocha Top I Jr. Puma Schwarz-weiß mit Nocken, benannt nach Jay Jay Okocha ....

•••

Dietrich Weise Universal Puma Nach außen gestellte Nockenreihe, benannt nach Dietrich Weise ....

•••

Totti Celer TRX 12 Diadora Obermaterial Suprelltech Water Resistant, Nylon, Futter aus Antistretchmaterial, rutschfestes Kurester-Futter im hinteren Bereich, Brandsohle aus Evatech mit Biegpunkten im vorderen Fußbereich, benannt nach Francesco Totti ....

SIEGER DER COPA AMÉRICA

Ursprünglich war das Turnier nur für südamerikanische Mannschaften zugänglich. Seit 1993 werden auch Mannschaften aus Nord- und Zentralamerika eingeladen. In der Regel sind das der Sieger und der Zweitplatzierte des Gold Cups.

1917 Uruguay • 1919 Brasilien • 1920 Uruguay • 1921 Argentinien • 1922 Brasilien • 1923 Uruguay • 1924 Uruguay • 1925 Argentinien • 1926 Uruguay • 1927 Argentinien • 1929 Argentinien • 1937 Argentinien • 1939 Peru • 1942 Uruguay • 1947 Argentinien • 1949 Brasilien • 1953 Paraguay • 1955 Argentinien • 1957 Argentinien • 1959 Argentinien • 1963 Bolivien • 1967 Uruguay • 1975 Peru • 1979 Paraguay • 1983 Uruguay • 1987 Uruguay • 1989 Brasilien • 1991 Argentinien • 1993 Argentinien • 1995 Uruguay • 1997 Brasilien • 1999 Brasilien • 2001 Kolumbien • 2004 Brasilien • 2007 Brasilien ....

FEINDE IN LONDON

Traditionell können die Fußballmannschaften in London einander nicht so gut leiden.

KLUB	*ERZFEINDE*
Arsenal London	Tottenham Hotspur
FC Brentford	Queens Park Rangers
Charlton Athletic	Crystal Palace
FC Chelsea	Tottenham Hotspur
Crystal Palace	Brighton & Hove Albion
FC Fulham	FC Chelsea
Leyton Orient	West Ham United
FC Millwall	West Ham United
Queens Park Rangers	FC Chelsea
Tottenham Hotspur	Arsenal London
FC Watford	Luton Town
West Ham United	FC Millwall

Brighton und Luton Town sind keine Klubs aus London.

EINST IN GEFAHR

Früher war es mancherorts ganz schön gefährlich, wie eine Umfrage des Deutschen Fußball-Fan-Klub-Verbandes über Auswärtsreisen in der Saison 1976/77 zeigt.

Im Stadion	Verein	Vor dem Stadion
Absolut gefahrenlos	Tennis Borussia Berlin	Absolut gefahrenlos
Absolut gefahrenlos	1. FC Saarbrücken	Absolut gefahrenlos
Absolut gefahrenlos	Karlsruher SC	Absolut gefahrenlos
Etwas Vorsicht geboten	VfL Bochum	Etwas Vorsicht geboten
Etwas Vorsicht geboten	Eintracht Frankfurt	Etwas Vorsicht geboten
Etwas Vorsicht geboten	Hamburger SV	Etwas Vorsicht geboten
Etwas Vorsicht geboten	1. FC Kaiserslautern	Unsicher
Etwas Vorsicht geboten	Borussia M'gladbach	Etwas Vorsicht geboten
Etwas Vorsicht geboten	SV Werder Bremen	Etwas Vorsicht geboten
Etwas Vorsicht geboten	MSV Duisburg	Unsicher
Etwas unsicher	Borussia Dortmund	Sehr unsicher
Unsicher	Eintracht Braunschweig	Unsicher
Unsicher	Hertha BSC Berlin	Sehr unsicher
Unsicher	Fortuna Düsseldorf	Durchaus gefährlich
Sehr unsicher	Rot-Weiß Essen	Durchaus gefährlich
Sehr unsicher	FC Bayern München	Durchaus gefährlich
Sehr unsicher	FC Schalke 04	Durchaus gefährlich
Sehr unsicher	1. FC Köln	Höchste Gefahr

STERNE AUF DER BRUST II

Ein Schweizer Fußballverein erhält für jeweils zehn Meistertitel einen Stern.

Verein	Sterne	Titel
Grasshopper-Club Zürich	2	27
Servette Genf	1	17
FC Basel	1	12
FC Zürich	1	12
Young Boys Bern	1	11

• Einwurf •

• Foul gesichtet •

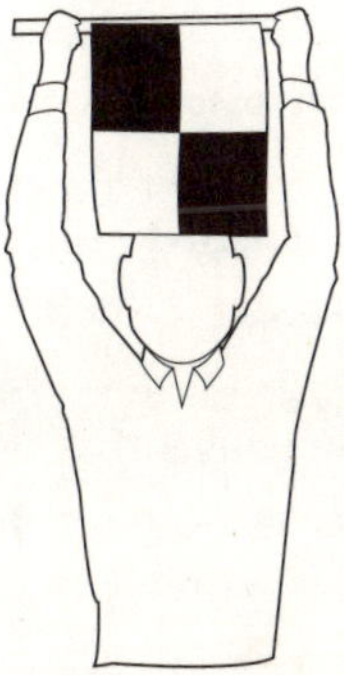

• Einwechslung •

• Abseits •

DERBYS, DIE DEN NAMEN NICHT VERDIENEN

Bayern München vs. 1. FC Nürnberg „Bayern-Derby" .... 189 km
Girondins Bordeaux vs. FC Toulouse „Südwest-Derby" .... 212 km
Olympique Marseille vs. SC Bastia „Mittelmeerhafen-Derby" ...... 331 km
FK Bodø Glimt vs. Tromsø IL Norwegen .... 410 km
Baltika Kaliningrad vs. Zenit St. Petersburg Russland .... 964 km
Perth Glory vs. Adelaide City Force Australien .... 2.735 km

FRAUEN, DIE GEORGE BEST VERLASSEN HABEN

Sinead Cusack Aufregende Blondine, später heiratete sie den aufregenden Schauspieler Jeremy Irons ....
Debbie Forsyth Aufregende, blonde Tochter des Schauspielers und nicht immer aufregenden Multitalents Bruce Forsyth ....
Juliet Mills Tochter des guten, aber eigentlich nie aufregenden Schauspielers Sir John Mills, die der dauernden Aufregung mit George Best bald überdrüssig war ....
Carolyn Moore Aufregende Britin, die klugerweise bestritt, mit George Best verlobt zu sein ....
Lynsey de Paul Aufregende Blondine mit Schönheitsfleck, die es mit George Best krachen ließ und im Nebenberuf Lieder aufnahm, von denen einige veröffentlicht wurden ....
Mary Stavin Aufregende, gelegentlich blonde ehemalige Miss World.
Marjorie Wallace Aufregende, amerikanische Blondine, die ebenfalls ehemals den Titel der Miss World trug. Die beiden hatten sich immer viel zu sagen, besonders vor Gericht ....

BOMBER DER NATION III

Spieler	Land	Ligaspiele	Tore
Gerd Müller	Deutschland	427	365
FC Bayern München			1965–1979

ES GIBT KEINE KLEINEN MEHR IV

Mongolei Versuchte sich in der WM-Qualifikation 2002, 2006, 2010. 0 Siege, 9 Niederlagen, 1 Unentschieden. Torverhältnis 4:44 ....

DER UNDANKBARE 21. PLATZ

Im Jahr 2005 machte sich die National Sporting Goods Association (NSAG) daran herauszufinden, wie die Bürger der Vereinigten Staaten ihre sportliche Freizeit gestalten. Dabei ergab sich ein Bild, das so gar nicht dem Klischee vom übergewichtigen Amerikaner entsprechen will.

01. Platz Spazierengehen .... 84.7 Millionen
02. Platz Zelten .... 55.3 Millionen
03. Platz Schwimmen .... 53.4 Millionen
04. Platz Fitnesstraining zuhause .... 52.2 Millionen
05. Platz Bowling .... 43.8 Millionen
06. Platz Süßwasserangeln .... 41.2 Millionen
07. Platz Radfahren .... 40.3 Millionen
08. Platz Pool-Billard .... 34.2 Millionen
09. Platz Fitnesstraining im Studio .... 31.8 Millionen
10. Platz Aerobic .... 29.5 Millionen
11. Platz Wandern .... 28.3 Millionen
12. Platz Basketball .... 27.8 Millionen
13. Platz Gewichtheben .... 26.2 Millionen
14. Platz Joggen .... 24.7 Millionen
15. Platz Golf .... 24.5 Millionen
16. Platz Motorbootfahren .... 22.8 Millionen
17. Platz Sportschießen .... 19.2 Millionen
18. Platz Jagen .... 17.7 Millionen
19. Platz Rucksackreisen .... 17.3 Millionen
20. Platz Baseball .... 15.9 Millionen
21. Platz Fußball .... 13.3 Millionen

•••

• DAS VEREINSLIED DES FC DORNBIRN •

Der FC Dornbirn spielte 2009/10 in der ADEG Erste Liga, Österreich.

Beim FC Dornbirn will ich sein, – solang' mein Auge sieht, ja sieht, – solange noch ein Tropfen Blut in meinen Adern fließt! – Beim FC Dornbirn will ich sein, – das schwör ich mit Herz und mit Hand, – drum trag ich stolz auf meiner Brust – das rot und weiße Band!

Der Ball liegt am Mittelstoß, – die Mannschaft stellt sich auf, ja stellt sich auf, – ein jeder seinen Platz schon weiß, geht alles hurtig los! – Der Schiedsrichter das Zeichen gibt, – die Stürmer, sie brechen los, – ein jeder den Ball zum anderen schiebt, – die Kombination ist groß! – Der Zenterhalf den Ball schon hat, – schießt ihn zum Flügelmann, – und dieser läuft, so schnell er laufen kann, – und zentert in die Mitt! – Zum Glück die Stürmer sind schon da, – die Halfreih rücket vor, – ein Schuss, ein Knall, schon sitzt der Ball – im gegnerischen Tor – famos!

Und wenn ich einst gestorben bin, – so gräbt mich ruhig ein, ja ein, – als vielgeliebter Sportskamerad will ich begraben sein! – Den Fußball leget mir zur Seit, – zwei Fähnlein in die Hand, – und um die kalte Brust schlagt mir – das rot und weiße Band! – Und der DFC, der geht nicht unter, – und der DFC, der geht in d'Höh, – und wenn der ganze Sportplatz unter Wasser steht, – und der DFC, der geht in d'Höh! – Er lebe hoch, er lebe hoch, – er lebe dreimal hoch!!! Flanke links – Flanke rechts – Schuss – Toooooor!

• GULDBOLLEN •

Guldbollen ist ein schönes Wort. Auf deutsch heißt es: goldener Ball. Hinter dem Wort verbirgt sich eine Trophäe, die von der Tageszeitung Aftonbladet und dem Schwedischen Fußballverband (SvFF) vergeben wird. Man ahnt es: Nur Schweden können sie gewinnen, und zwar diejenigen, die als bester Fußballer eines Jahres angesehen werden.

1946 ... Gunnar Gren
1947 ... Gunnar Nordahl
1948 ... Bertil Nordahl
1949 ... Knut Nordahl
1950 ... Erik Nilsson
1951 ... Olle Åhlund
1952 ... Kalle Svensson
1953 ... Bengt Gustavsson
1954 ... Sven Ove Svensson
1955 ... Gösta Löfgren
1956 ... Gösta Sandberg
1957 ... Bajdoff Johansson
1958 ... Orvar Bergmark
1959 ... Agne Simonsson
1960 ... Torbjörn Jonsson
1961 ... Bengt Nyholm
1962 ... Prawitz Öberg
1963 ... Harry Bild
1964 ... Hans Mild
1965 ... Bo Larsson
1966 ... Ove Kindvall
1967 ... Ingvar Svahn
1968 ... Björn Nordqvist
1969 ... Tommy Svensson
1970 ... Jan Olsson
1971 ... Ronnie Hellström
1972 ... Ralf Edström
1973 ... Bo Larsson
1974 ... Ralf Edström
1975 ... Kent Karlsson
1976 ... Anders Linderoth

Roy Andersson ... 1977
Ronnie Hellström ... 1978
Jan Möller ... 1979
Rolf Zetterlund ... 1980
Thomas Ravelli ... 1981
Torbjörn Nilsson ... 1982
Glenn Hysén ... 1983
Sven Dahlkvist ... 1984
Glenn Strömberg ... 1985
Robert Prytz ... 1986
Peter Larsson ... 1987
Glenn Hysén ... 1988
Jonas Thern ... 1989
Tomas Brolin ... 1990
Anders Limpar ... 1991
Jan Eriksson ... 1992
Martin Dahlin ... 1993
Tomas Brolin ... 1994
Patrik Andersson ... 1995
Roland Nilsson ... 1996
Pär Zetterberg ... 1997
Henrik Larsson ... 1998
Stefan Schwarz ... 1999
Magnus Hedman ... 2000
Patrik Andersson ... 2001
Fredrik Ljungberg ... 2002
Olof Mellberg ... 2003
Henrik Larsson ... 2004
Zlatan Ibrahimovic ... 2005
Fredrik Ljungberg ... 2006
Zlatan Ibrahimovic ... 2007–09

Hertha BSC Berlin .... Klingelton Matthias Reim • *Hertha, Hertha, unsere Hertha*
.... Euro 1,99

•••

Arminia Bielefeld .... Brotdose • Plastik
.... Euro 6,95

•••

SV Werder Bremen .... Schultüte • 70 cm mit Filzabschluss
.... Euro 7,95

•••

Hannover 96 .... Pflastermäppchen • zehn Pflaster
.... Euro 3,00

•••

Hamburger SV .... HSV-Reisefön
.... Euro 4,95

•••

1. FC Köln .... FC-Bade-Entchen mit Hörnern und Ziegenbart
.... Euro 4,95

•••

FSV Mainz 05 .... Armlehnstuhl *Coach* • Kirschbaum massiv
.... Euro 355,00
.... zzgl. Versand Euro 30,00

•••

Borussia Mönchengladbach .... Faulenzermäppchen • Motiv *Fohlen*
.... Euro 1,99

•••

FC Schalke 04 .... 3-tlg. Grill-Besteck in naturfarbenem Baumwollbeutel
.... Euro 17,95

•••

VfB Stuttgart .... Weihnachtskugeln 4er-Set
.... Euro 8.90

•••

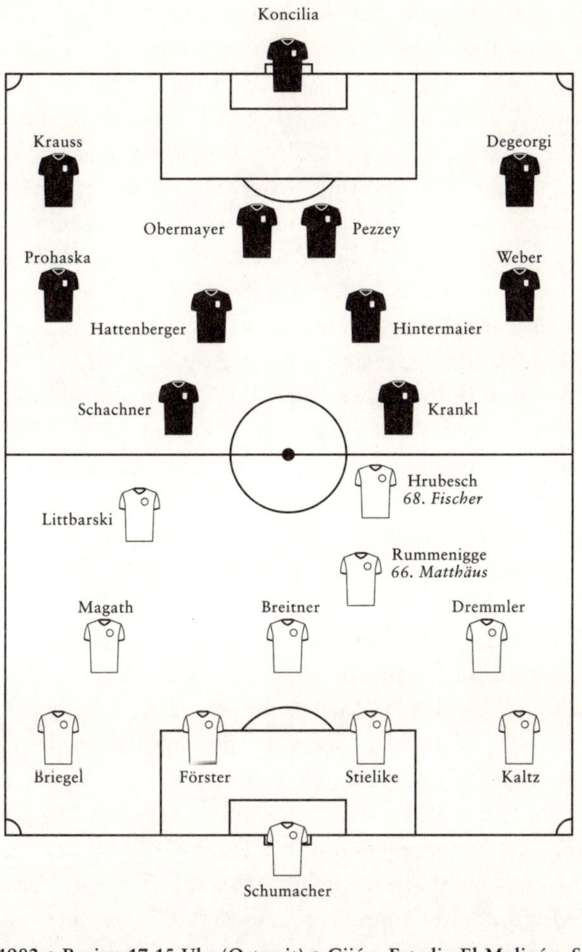

25. Juni 1982 • Beginn 17.15 Uhr (Ortszeit) • Gijón, Estadio El Molinón, Spanien • Zuschauer: 42.000 • Wechsel: 66. *Matthäus* für *Rummenigge,* 68. *Fischer* für *Hrubesch* • Torfolge: 0:1 *Hrubesch* (11.) • Schiedsrichter: *Bob Valentine* (Schottland) • Assistenten: *Arnaldo César Coelho* (Brasilien), *Ibrahim Youssef Al-Doy* (Bahrain).

Peter Knowles Verließ die Wolverhampton Wanderers 24-jährig und als Jahrhunderttalent gepriesen, um den Zeugen Jehovas beizutreten, fortan an jeder Haustür zu klopfen und die Zeitschrift „Wachturm" anzubieten. Sein Abschied veranlasste die Fans zu einer Neufassung des Lieds „Oh My Darling, Clementine", in der es heißt: „Where's your bible, where's your bible, where's your bible, Peter Knowles – In your handbag, in your handbag, in your handbag, Peter Knowles!" und inspirierte Songwriter Billy Bragg zu der Ballade „God's Footballer". In der Hoffnung, er möge wieder Gefallen am Fußball finden, kündigten die Wanderers seinen Vertrag erst 1982, 13 Jahre, nachdem er zuletzt gespielt hatte ....

Marco Boggers 1995 gab West Ham United eine Million Pfund für seine Verpflichtung aus. Dennoch wurde er nur wenige Zeit später ablösefrei an Groningen verschenkt. Was war passiert? Er machte ein schlechtes Spiel, sah die rote Karte im nächsten und verbrachte noch ein weiteres auf der Bank. Dann verschwand er. Nach einigen Wochen wurde er zwar in einem Wohnwagen in Amsterdam entdeckt, wohin er sich zum Meditieren zurückgezogen hatte, er weigerte sich jedoch, nach London zurückzukehren ....

Carlos Roa Kurz nachdem der Argentinier als Elfmetertöter zu Berühmtheit gelangt war (er hielt 1998 Strafstöße von Paul Ince und David Batty, was zum Ausscheiden der Engländer bei der WM führte), kehrte er dem Sport den Rücken. In einer Pressekonferenz prophezeite er den Weltuntergang am 31. Dezember 1999. Eine Behauptung, die er später, so um den 1. Januar 2000 herum, wieder zurücknehmen sollte. Den Spielbetrieb nahm der – als Veganer von seinen Mannschaftskameraden „Der Salat" genannte – Torwart nicht noch einmal auf: Als Aktivist der „Siebenten-Tags-Adventisten" sah er sich nicht imstande, weiterhin samstags zu spielen. Seinem Verein Real Mallorca hatte in jenen Tagen ein Angebot von über 6,5 Millionen Euro für den Tormann vorgelegen ....

Lars Elstrup Einst der teuerste Einkauf der Vereinsgeschichte von Luton Town und 1992 Europameister mit den Dänen, verabschiedete er sich schon ein Jahr später vom Fußball, um einer Sekte namens „Sangha“ beizutreten und seinen Namen in „Darando“ (der Fluss, der ins Meer fließt) zu ändern. Nebenbei kickte er zwar noch ein wenig bei Odense BK, geriet aber erst wieder in die Schlagzeilen, als er in der Kopenhagener Fußgängerzone verhaftet wurde: Er hatte vor Kindern mit dem Penis gewedelt. Er wurde aus der Sekte geworfen, was ihm aber ganz gut in den Kram passte, hielt er die Gruppe doch für „unmenschlich“, und klagte: „Sie haben meinen Dachshund Devi gestohlen!“ ....

David Icke Der ehemalige Torhüter von Coventry City beendete seine Fußballkarriere wegen Arthritis 1973 mit 21 Jahren und wurde Moderator bei der BBC, zog auf die Isle Of Wight, um für ein Buch über Zugbeobachtung (Trainspotting) zu recherchieren, und engagierte sich bei den Grünen. Nach einem Besuch in Brighton, bei der als Medium bekannten Betty Shine, erkannte er den Sohn Gottes – in sich selbst. In einer Pressekonferenz stellte er seinen Guru Mari Shawsun als Tochter Gottes und seine Frau als Engel Gottes vor. Fortan wanderte er durch die Talkshows und trug einen türkisfarbenen Muschel-Anzug, der ihm positive Energie spenden sollte. Er reiste um die Welt und verbreitete die Theorie, dass die Queen, Hillary Clinton, Tony Blair, George W. Bush und Kris Kristofferson in Wahrheit zwölffüßige außerirdische Eidechsen seien ....

Charles Burgess Fry CB Fry, geboren 1872, war nicht nur ein begnadeter Cricketspieler, er hielt auch den Weltrekord im Weitsprung, stand als Fußballer im FA-Cup-Finale und spielte professionell Rugby für Oxford, Blackheath und die Barbarians. Er vertrat Indien bei den Vereinten Nationen und war liberaler Abgeordneter im Stadtrat von Sussex. Einmal bot man ihm den Thron in Albanien an. Später wurde er zu einem Bewunderer Adolf Hitlers ....

• Von Franz Beckenbauer •

Franz Beckenbauer *Dirigent im Mittelfeld* Copress, München 1966 .....
Franz Beckenbauer *Halbzeit. Eine Zwischenbilanz* A. Strothe-Verlag, Hannover 1972 ....
Franz Beckenbauer *Einer wie ich* C. Bertelsmann, München 1975 ....
Franz Beckenbauer *Meine Gegner, meine Freunde. Stationen einer Karriere* Rasch und Röhring Verlag, Hamburg 1987 ....
Franz Beckenbauer *Ich. Wie es wirklich war* C. Bertelsmann, München 1992 ....
Franz Beckenbauer *Schau'n mer mal* Mosaik Verlag, Hamburg 1995 ....
Franz Beckenbauer *Tour de Franz – meine WM 98* Goldmann, München 1998 ....

• Von anderen •

Andreas Brehme *Das war's Freunde* Sportverlag, Berlin 1998 ....
Stefan Effenberg *Ich hab's allen gezeigt* Rütten und Loening, Potsdam 2003
Horst Hrubesch *Dorschangeln vom Boot und an den Küsten* Parey Buchverlag, Berlin 1980 ....
Pierre Littbarski *Litti – meine Geschichte* Hoffmann und Campe, Hamburg 1994 ....
Sepp Maier *Ich bin doch kein Tor* Hoffmann und Campe, Hamburg 1980 .....
Hansi Müller *Fußballimpressionen* Günter Rüber, Schieberdingen 1978 ....
Günter Netzer *Rebell am Ball* Limpert Verlag, Wiebelsheim 1971 ....
Wolfgang Overath *Ja, mein Temperament* DuMont Schauberg, Köln 1970
Helmut Rahn *Mein Hobby: Tore schießen* Copress, München 1959 ....
Karl-Heinz Schnellinger *Gib mir den Ball* Copress, München 1972 ....
Toni Schumacher *Anpfiff* Droemer Knaur, München 1987 ....
Uli Stein *Halbzeit. Eine Bilanz ohne Deckung* Droemer Knaur, München 1994 ....
Berti Vogts *Aus meiner Sicht* Komar, Rosenheim 1974 ....
Fritz Walter *So habe ich's gemacht* Copress, München 1962 ....

Der erstaunliche Torwart Lutz Pfannenstiel hat auf allen Kontinenten der Welt als Profi angeheuert. Dazu musste er dann und wann den Klub wechseln.

1991–93 • 1. FC Kötzting **Bayern** .... 68 Spiele
1994 • Penang **Malaysia** .... kein Spiel
1994–95 • Wimbledon FC **England** .... kein Spiel
1995–96 • Nottingham Forest **England** .... kein Spiel
1996–97 • Orlando Pirates FC **Südafrika** .... 7 Spiele
1996–97 • Nottingham Forest **England** .... kein Spiel
1997 • Sembawang Rangers **Singapur** .... 22 Spiele
1997 • TPV Tampere **Finnland** .... 8 Spiele
1998 • FC Haka Valkeakoski **Finnland** .... kein Spiel
1998 • PK Isalmi **Finnland** .... 8 Spiele
1998–99 • SV Wacker Burghausen **Bayern** .... 3 Spiele
1999–2000 • Geylang United FC **Singapur** .... 46 Spiele
2001 • Dunedin Technical **Neuseeland** .... 18 Spiele
2001–02 • Bradford Park Avenue **England** .... 1 Spiel
2001–02 • Huddersfield Town **England** .... kein Spiel
2002 • Dunedin Technical **Neuseeland** .... 18 Spiele
2002–03 • ASV Cham **Bayern** .... 12 Spiele
2002–03 • Bradford Park Avenue **England** .... 14 Spiele
2003 • Dunedin Technical **Neuseeland** .... 18 Spiele
2003 • Bærum SK **Norwegen** .... 13 Spiele
2004 • Calgary Mustangs **Kanada** .... 28 Spiele
2004–06 • Otago United **Neuseeland** .... 36 Spiele
2006–07 • FK Vllaznia Shkodër **Albanien** .... 14 Spiele
2007 • Bærum SK **Norwegen** .... 9 Spiele
2007 • Vancouver Whitecaps **Kanada** .... 4 Spiele
2008 • CA Hermann Aichinger **Brasilien** .... 4 Spiele
2008 • Flekkerøy IL **Norwegen** .... 11 Spiele
2009 • Manglerud Star **Norwegen** .... 8 Spiele
Seit 2009 • Ramblers **Namibia** .... 1 Spiel

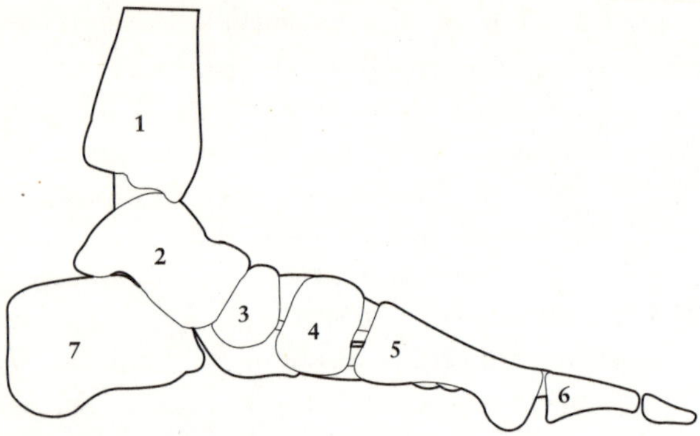

1 Unterschenkelknochen • 2 Sprungbein • 3 Kahnbein • 4 Keilbein • 5 Mittelfußknochen • 6 Zehenknochen • 7 Fersenbein

• FLITZER •

In England werden Flitzer unterschieden in Prankster und Streaker. Beide schmuggeln sich in Sportveranstaltungen, Streaker sind dabei meist nackt oder nur spärlich bekleidet.

Erica Roe Britin – rannte 1982 in einem Rugby-Spiel zwischen England und Australien mit entblößtem Busen über den Platz. Ihre Aktion dominierte die Nachrichten, obwohl gerade der Falklandkrieg zwischen Argentinien und Großbritannien tobte. Roe inspirierte viele Frauen und Männer zum Flitzen auch bei Fußballspielen.

Mark Roberts Brite – flitzt nach eigenen Angaben seit 1993. Er flitzte im Uefa-Cup-Finale 2004 zwischen Valencia und Marseille in Göteborg. Er flitzte im Dezember 2003 während des Spiels Real Madrid gegen FC Barcelona durch das Bernabeu-Stadion und spielte einen Doppelpass mit Ronaldo. Und er flitzte im Champions-League-Finale Bayer 04 Leverkusen gegen Real Madrid 2002, wo er, nur mit einer karierten Mütze bekleidet, den Ball ins Leverkusener Tor schoss. Mittlerweile hat Roberts in allen englischen Stadien Zutrittsverbot und muss seinen Pass abgeben, wenn eine englische Mannschaft im Ausland spielt ....

Karl Power Brite – flitzt mit feinem Humor. Schaffte es 2001 im Münchner Olympiastadion, sich im Originaltrikot samt Hose und Stutzen aufs Mannschaftsfoto von Manchester United zu schmuggeln. Als United ihm daraufhin lebenslanges Hausverbot erteilte, muss Power milde gelächelt haben. Kurz darauf posierte er vor dem Anstoß des Heimspiels von United gegen den FC Liverpool mit zehn Freunden, und zwar auf dem Rasen von Old Trafford, stilecht in Trikots und mit Perücken. Schöner kann man Autorität kaum untergraben ....

Jimmy Jump Spanier – fand während des Europameisterschaftsfinales 2004 flitzend den Weg ins Tor der Griechen. Auf seiner Homepage nennt Jimmy Jump als Idole Salvador Dalí und Mark Roberts. Flitzte auch bei der EM 2008 ....

Ernst Wilhelm Wittig Deutscher – flitzt seit den achtziger Jahren und ist mithin Veteran. Radelt bisweilen nackt durch Bielefeld. Ist Jahrgang 1947, aber trotzdem gern öffentlich nackt. Naja, was heißt nackt: Eine Baseballkappe trägt er meist, die ist sein Markenzeichen. 1997 flitzte er erstmals in der Bundesliga (Gladbach vs. Bielefeld). Sein bisher größter Auftritt: 2005, Dortmund vs. Bielefeld, knapp 80.000 Zuschauer. Wittig posierte im Mittelkreis als Bodybuilder, bis er abgeführt wurde. Dann ging er, wie schon öfter einmal, in den Knast. Posiert dennoch weiterhin öffentlich, nackt, natürlich ....

Vier verschiedene Flitzer tauchten während des Konföderationen-Pokals 2005 auf den Spielfeldern auf: bei den Spielen Mexiko gegen Brasilien in Hannover, Brasilien gegen Japan in Köln, Tunesien gegen Deutschland in Köln, wo der Flitzer dem deutschen Torwart Jens Lehmann „Ich liebe dich“ ins Ohr flüsterte, und bei Deutschland gegen Brasilien in Nürnberg. Daraufhin begann in Deutschland eine Diskussion über Sicherheit in den Stadien ....

Velibor „Bora“ Milutinovic – 276 Spiele

Land .... Mexiko *Spiele* .... 104 *Zeitraum* 1983–1997
Land .... Costa Rica *Spiele* .... 9 *Zeitraum* 1990
Land .... USA *Spiele* .... 96 *Zeitraum* 1991–1995
Land .... Nigeria *Spiele* .... 11 *Zeitraum* 1997–1998
Land .... China *Spiele* .... 46 *Zeitraum* 2000–2002
Land .... Honduras *Spiele* .... 10 *Zeitraum* 2003–2004

Francisco Maturana – 204 Spiele

Land .... Kolumbien *Spiele* .... 105 .... 1987–94 und 2001–03
Land .... Ecuador *Spiele* .... 42 *Zeitraum* 1995–1997
Land .... Costa Rica *Spiele* .... 11 *Zeitraum* 1999
Land .... Peru *Spiele* .... 14 *Zeitraum* 1999–2000
Land ... Trinidad & Tobago *Spiele* .... 32 *Zeitraum* 2008–2009

Berti Vogts – 180 Spiele

Land .... Deutschland *Spiele* .... 102 *Zeitraum* 1990–1998
Land .... Kuwait *Spiele* .... 10 *Zeitraum* 2001–2002
Land .... Schottland *Spiele* .... 32 *Zeitraum* 2002–2004
Land .... Nigeria *Spiele* .... 14 *Zeitraum* 2007–2008
Land .... Aserbaidschan *Spiele* .... 22 *Zeitraum* . Seit April 2008

Josef Herberger – 167 Spiele

Land .... Deutschland *Spiele* .... 167 *Zeitraum* 1936–1964

Hugo Meisl – 155 Spiele

Land .... Österreich *Spiele* .... 155 *Zeitraum* 1912–1937

Helmut Schön – 148 Spiele

Land .... Saarland *Spiele* .... 9 *Zeitraum* 1953–1956
Land .... Deutschland *Spiele* .... 139 *Zeitraum* 1964–1978

• Josef Piontek – 143 Spiele •

Land .... Dänemark *Spiele* .... 115 *Zeitraum* 1979–1990
Land .... Türkei *Spiele* .... 28 *Zeitraum* 1990–1993

• Hérnan Darío Gómez – 143 Spiele •

Land .... Kolumbien *Spiele* .... 58 *Zeitraum* 1995–1998
Land .... Ecuador *Spiele* .... 64 *Zeitraum* 1999–2004
Land .... Guatemala *Spiele* .... 21 *Zeitraum* 2006–2008

• Sir Walter Winterbottom – 139 Spiele •

Land .... England *Spiele* .... 139 *Zeitraum* 1946–1962

• John Petterson – 138 Spiele •

Land .... Schweden *Spiele* .... 138 *Zeitraum* 1921–1936

• Alexander Tirnanic – 128 Spiele •

Land .... Jugoslawien *Spiele* .... 128 *Zeitraum* 1946–1966

• Guillermo Stabile – 127 Spiele •

Land .... Argentinien *Spiele* .... 127 *Zeitraum* 1939–1960

• Gavril Kachalin – 123 Spiele •

Land .... Sowjetunion *Spiele* .... 104 *Zeitraum* 1954–1962
Land .... Sowjetunion *Spiele* .... 19 *Zeitraum* 1968–1970

• Guy Thys – 114 Spiele •

Land .... Belgien *Spiele* .... 101 *Zeitraum* 1976–1989
Land .... Belgien *Spiele* .... 13 *Zeitraum* 1990–1991

• Sir Alfred Ramsey – 113 Spiele •

Land .... England *Spiele* .... 113 *Zeitraum* 1963–1974

• EINIGE FREUNDSCHAFTEN •

Manche sind offizielle Fanfreundschaften, die von Klubseite gepflegt werden, manche haben sich frei entwickelt. Aktive Freundschaften sind mittlerweile die Ausnahme. Einige Freundschaften haben sich wieder gelöst wie die zwischen dem Hamburger SV und Borussia Dortmund, es bilden sich jedoch immer wieder mal neue.

1. FC Nürnberg .... FC Schalke 04
FC Bayern München .... VfL Bochum
Borussia Dortmund .... Celtic Glasgow
TSV 1860 München .... 1. FC Kaiserslautern
FC St. Pauli .... Celtic Glasgow
Borussia Dortmund .... TSV 1860 München
1. FC Kaiserslautern .... SV Werder Bremen
Kickers Offenbach .... Bayer Leverkusen
Darmstadt 98 .... 1. FC Köln
Borussia Dortmund .... Karlsruher SC
Hertha BSC Berlin .... Karlsruher SC
Würzburger FV .... TSV Aindling
FC Augsburg .... Würzburger FV
FC St. Pauli .... 1. FC Köln
FSV Mainz 05 .... Borussia M'gladbach
SV Werder Bremen .... Rot-Weiß Essen
Borussia M'gladbach .... FC Liverpool
Eintracht Braunschweig .... Waldhof Mannheim
Eintracht Braunschweig .... 1. FC Magdeburg
Karlsruher SC .... Racing Straßburg
VfB Stuttgart .... Energie Cottbus
VfL Wolfsburg .... TSV 1860 München

• NACHNAMEN SCHOTTISCHER KLUBS •

Academical • Albion • Athletic • City • County • Fife • Johnstone • Midlothian • Mirren • Morton • Park • Rangers • Rovers • South

FUSSBALL UND MUSIK II

Zur Melodie von „Gold" (Spandau Ballet). Einst zu hören auf den Rängen von Highbury, Arsenal London.

„Cole! – Always believe in your soul – You've got the power to know – That you're indestructible – Always believe in Ashley Cole, Cole!" ....

KARRIEREBRÜCHE

Die Verletzungen des Torwarts Harald Schumacher, genannt Toni (Profi von 1972–1992).

Kleiner Finger links .... gebrochen
Ringfinger links .... gebrochen
Mittelfinger links .... gebrochen
Zeigefinger links .... gebrochen
Daumen links .... gebrochen
Kleiner Finger rechts .... gebrochen
Ringfinger rechts .... gebrochen
Mittelfinger rechts .... gebrochen
Zeigefinger rechts .... gebrochen
Daumen rechts .... gebrochen
Nasenbein .... 2 x gebrochen
Rippen .... 3 gebrochen
Kreuzband .... gerissen – doppelt
Außenband .... gerissen – doppelt
Gehirn .... 5 x erschüttert

REGELKUNDE II

Offizielle Fifa-Regeln, aus Regel 5 (Der Schiedsrichter).

Jedes Spiel wird vom einem Schiedsrichter geleitet, der die uneingeschränkte Vollmacht hat, den Fußballregeln in dem Spiel Geltung zu verschaffen, für das er nominiert wurde ....

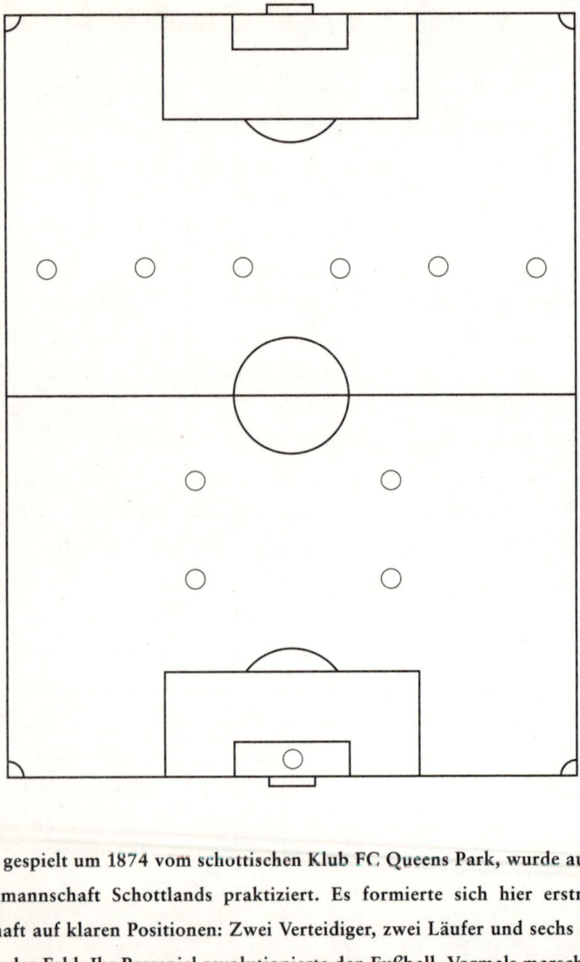

Erstmals gespielt um 1874 vom schottischen Klub FC Queens Park, wurde auch in der Nationalmannschaft Schottlands praktiziert. Es formierte sich hier erstmals eine Mannschaft auf klaren Positionen: Zwei Verteidiger, zwei Läufer und sechs Angreifer besetzten das Feld. Ihr Passspiel revolutionierte den Fußball. Vormals marschierte eine Reihe angreifender Dribbelkünstler in Richtung des Tores, nun lief der Ball durch die Reihen, es bildeten sich Pärchen: zwei in der Defensive, eins auf der rechten Sturmseite, eins auf der linken. Fußball hatte sich damit vollständig vom Rugby gelöst.

• BIER HOLEN •

Es kommt vor, dass beim Fußballgucken während des Spiels das Bier ausgeht. Statistiker haben berechnet, wann man am ehesten Nachschub holen kann, ohne ein Tor zu verpassen.

Erste Halbzeit .... 1.–5. Minute • 31.–40. Minute

Zweite Halbzeit .... 45.–50. Minute

• MÜNCHEN LEUCHTET •

Mit dem Wechsel der Spielstätten haben sich für die beiden Münchner Vereine, den FC Bayern München und den TSV 1860 München, auch die Lichtverhältnisse verändert. Alte Flutlichtanlagen haben eine äußerst geringe Lichtstärke (gemessen in Lux), neuere Anlagen eine hohe Lichtstärke mit hohem Stromverbrauch (gemessen in KW) und moderne Arenen eine hohe Lichtstärke mit geringem Stromverbrauch (durch die Verbesserung der Leuchtmittelqualität).

• Stadion an der Grünwalder Straße ab 1958/59 •

96 Scheinwerfer .... je 24 an vier Masten

Gesamtleistung .... KW 500

Beleuchtungsstärke .... Lux 800

Stromkosten pro Stunde .... Euro 37,50

• Olympiastadion ab 1972/73 •

556 Scheinwerfer .... je 139 an vier Masten

Gesamtleistung .... KW 1.946

Beleuchtungsstärke .... Lux 1.875

Stromkosten pro Stunde .... Euro 146,00

• Allianz Arena ab 2005/06 •

232 Scheinwerfer .... auf zehn Traversen

Gesamtleistung .... KW 464

Beleuchtungsstärke .... Lux zwischen 1.000 und 1.500

Stromkosten pro Stunde .... Euro 34,80

Ailton SV Werder Bremen .... Kugelblitz
Jörg Albertz Hamburger SV .... Hammer-Ali
Karl Allgöwer VfB Stuttgart .... Knallgöwer
Alessandro Altobelli Inter Mailand .... Die Nadel
Gerald Asamoah FC Schalke 04 .... Blondie
Faustino Asprilla AC Parma .... Die Gazelle
Raimond Aumann FC Bayern München .... Balu
Gordon Banks Leicester City .... Banks Of England
Enzo Bearzot Nationalelf Italien .... Der Schweiger
Franz Beckenbauer FC Bayern München .... Kaiser
Stefan Beinlich Hansa Rostock .... Paule
Dennis Bergkamp Arsenal London .... The Iceman
George Best Manchester United .... El Beatle
Laurent Blanc Manchester United .... Der Präsident
Winston Bogarde FC Chelsea .... Die Elster
Hannes Bongartz FC Schalke 04 .... Spargeltarzan
Rune Bratseth SV Werder Bremen .... Der Elch
Hans-Peter Briegel 1. FC Kaiserslautern .... Walz von der Pfalz
Ansgar Brinkmann Arminia Bielefeld .... Der weiße Brasilianer
Thomas Broich Borussia M'gladbach .... Mozart
Guido Buchwald VfB Stuttgart .... Diego
Emilio Butragueño Real Madrid .... Der Geier
Cacau VfB Stuttgart .... Kaba
Roberto Carlos Real Madrid .... Menschliche Kugel
Angelos Charisteas SV Werder Bremen .... Harry
Jack Charlton Leeds United .... Giraffe
Dettmar Cramer FC Bayern München .... Napoleon
Edgar Davids Juventus Turin .... Pit Bull
Anthony de Avila FC Barcelona .... Schlumpf
Harry Decheiver SC Freiburg .... Knipser
Sebastian Deisler FC Bayern München .... Basti Fantasti

Bernhard Dietz MSV Duisburg .... Enatz
Angelo di Livio AC Florenz .... Kleiner Soldat
Marius Ebbers 1. FC Köln .... Commander
Edmundo AC Florenz .... Das Tier
Stefan Effenberg Borussia M'gladbach .... Tiger
El Hadji Diouf FC Liverpool .... Serial Killer
Dieter Eilts SV Werder Bremen .... Eisen-Dieter, Ostfriesen-Alemão
Klaus Fichtel FC Schalke 04 .... Tanne
Torsten Frings SV Werder Bremen .... Lutscher
Garrincha Botafogo .... Der Schiefe
Thomas Gravesen FC Everton .... *(Gravedigger)* Totengräber
Ruud Gullit AC Mailand .... Schwarze Tulpe
Thomas Häßler 1. FC Köln .... Icke
Ernst Happel Hamburger SV .... Der Grantler
Vahid Hashemian VfL Bochum .... Hubschrauber
Jimmy Floyd Hasselbaink FC Chelsea .... Eddie Murphy
Sepp Herberger Nationalelf .... Chef
Jupp Heynckes Borussia M'gladbach .... Osram
Ottmar Hitzfeld Borussia Dortmund .... General
Thomas Hitzlsperger Aston Villa .... The Hammer
Robert Huth FC Chelsea .... The Berlin Wall
Valdas Ivanauskas Hamburger SV .... Ivan, der Schreckliche
Kurt Jara MSV Duisburg .... Jolanda
Lew Jaschin Dynamo Moskau .... Schwarzer Panther
Vinnie Jones FC Wimbledon .... Die Axt
Nwankwo Kanu Arsenal London .... Die Schlange
Kevin Keegan FC Liverpool .... Mighty Mouse
Ulf Kirsten Bayer 04 Leverkusen .... Der Schwatte
Jürgen Klinsmann FC Bayern München .... Flipper
Jürgen Klinsmann & Joachim Löw Nationalelf .... Siegfried & Roy
Ronald Koeman FC Barcelona .... Die Schneeflocke

• DWIGHT YORKE, DWIGHT YORKE •

In Deutschland ist Trinidads bedeutendster Spieler Dwight Yorke (geboren 1971) wohl am ehesten bekannt, weil er im legendären Champions-League-Endspiel von 1999 auf dem Platz stand. Er trug damals das Trikot von Manchester United, der Mannschaft, die durch zwei Treffer in der Nachspielzeit das verloren geglaubte Finale gegen den FC Bayern München drehte und 2:1 gewann. Lesern der Boulevardpresse könnte sein Name ferner geläufig sein, weil er mit dem Model Katie Price ein Kind gezeugt hat. Den Fans von Aston Villa – Yorke spielte dort von 1989 bis 1998, bevor er nach Manchester wechselte – ist er dagegen als eminent fleißiger Torjäger bekannt. Sie schlossen ihn in ihr Herz und widmeten ihm ein Lied: Es heißt „Dwight Yorke, Dwight Yorke“ und wird gesungen zur Melodie des durch Frank Sinatra recht bekannt gewordenen Liedes „New York, New York“. In Haushalten, die eine Gitarre zu ihrem Inventar zählen, kann das Lied wie folgt nachgespielt werden.

D *Em7* *A*

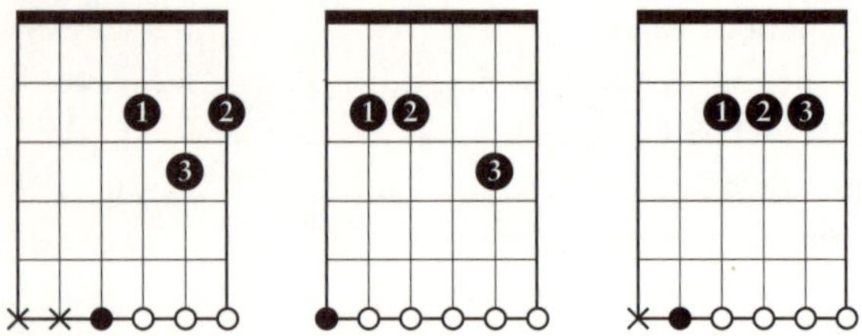

Einleitung: .... *D* • *(Em7)* • *A* ....

.... *D* .... *Em7* ....

.... Start spreading the news • he's playing today ....

.... *(A)* .... *D* .... *Em7* ....

.... I want to see him score again • Dwight Yorke, Dwight Yorke ....

• REGELKUNDE III •

Offizielle Fifa-Regeln, aus Regel 4 (Ausrüstung der Spieler).

Jeder Torhüter muss sich in der Farbe der Sportkleidung von den anderen Spielern, vom Schiedsrichter und den Assistenten unterscheiden.

ES GIBT KEINE KLEINEN MEHR V

Liechtenstein Versuchte sich in der WM-Qualifikation 1998, 2002, 2006, 2010. 2 Siege, 34 Niederlagen, 4 Unentschieden. Tore 17:121

ALTSTARS IN DER NASL

Manche Menschen verstehen unter der NASL die Nessus Attack Scripting Language, eine Skriptsprache zur Erstellung von Angriffs-Plug-Ins für Nessus. Das ist schön für diese Menschen. Hier ist mit der NASL die North American Soccer League gemeint; diese ging 1968 hervor aus der United Soccer Association und der National Professional Soccer League, die beide 1967 in den USA gegründet wurden. Die hier gemeinte NASL existierte bis 1984 und gab manch bekanntem Spieler Gelegenheit, am Karriereende noch locker ein wenig zu kicken – für gutes Geld, ganz klar.

Dick Advocaat **Holland** .... Chicago Sting
Carlos Alberto **Brasilien** .... Cosmos New York
Alan Ball **England** .... Vancouver Whitecaps
Gordon Banks **England** .... Fort Lauderdale Strikers
Peter Beardsley **England** .... Vancouver Whitecaps
Franz Beckenbauer **Deutschland** .... Cosmos New York
George Best **Nordirland** .... L. A. Aztecs, Fort Lauderdale Strikers
Giorgio Chinaglia **Italien** .... Cosmos New York
Johan Cruyff **Holland** ... Los Angeles Aztecs, Washington Diplomats
Trevor Francis **England** .... Detroit Express
Karl-Heinz Granitza **Deutschland** .... Chicago Sting
Ruud Krol **Holland** .... Vancouver Whitecaps
Bobby Moore **England** .... San Antonio Thunder, Seattle Sounders
Gerd Müller **Deutschland** .... Fort Lauderdale Strikers
Johan Neeskens **Holland** .... Cosmos New York
Pelé **Brasilien** .... Cosmos New York
Hugo Sánchez **Mexiko** .... Dallas Burn
Nobby Stiles **England** .... Vancouver Whitecaps
Horst Szymaniak **Deutschland** .... St. Louis Stars

FUSSBALL UND MUSIK III

„Lonely Boy" (Paul Anka), gesungen von Hans Krankl, veröffentlicht 1985 unter dem Pseudonym „Johann K.".

„I bin hoit gonz alla, niemand mog mi – I konn nur waana, und woatn auf di – I hob doch olles, wos ma ho'm kon – Doch oll's wos i hob, mi schaut kane on – Irgendwo, irgendwem muaß doch a für mi geb'n – A bisserl a Liebe braucht jeder im Le'm – I suach nur ane, die zu mir sogt – Ob heut bist Du meina, weul i di mog – I bin hoit gonz alla, kaner mog mi – I konn nur wana, weu Du möd'st Di nie – I hob doch olles, wos ma ho'm kon – Doch oll's wos i hob, mi wü kana hob'n – Irgendwie, irgendwo, irgendwem muaß doch a für mi geb'n – A bisserl a Liebe braucht jeder zum Leb'n – I suach nur jemand, der zu mir sogt – Ob heut bleib' i bei Dir, weil i Di mog – I bin hoit gonz alla, niemand mog mi – I, I ko, I kon nur wana, und wort'n auf Di – I hob do ois, wos ma hob'n ko – Doch ois, wos i hob, mi schaut kana oh – Reini, warum wü mi kana – *CHOR:* Oba Hons, di woll'n di do eh! – Geh, des stimmt do net – I waaß net, wos i mochn soll, I ruaf die Kummanumma on!" ....

149 TORE

Die Spieler von Stade l'Emyrne auf Madagaskar stellten 2002 im Ligaspiel gegen Meister AS Adema einen Rekord auf. Nach einem Streit ihres Trainers mit dem Schiedsrichter schossen sie den Ball aus Protest ins eigene Tor und wiederholten dies nach jedem Anstoß. Am Ende stand es 149:0 für Adema – bisher die meisten Eigentore und der höchste Sieg in einem Erstligaspiel. In der Folge wurde Trainer Zaka Be vom Verband für drei Jahre gesperrt und erhielt für diese Zeit auch Stadionverbot. Die Spieler Mamisoa Razafindrakoto (Torwart), Manitranirina Andrianiaina (Kapitän), Nicolas Rakotoarimanana und Dominique Rakotonandrasana wurden für eine Saison gesperrt ....

In der Welt des organisierten Fußballs tauchen Obdachlose nicht auf, allenfalls, wie in jedem Showgeschäft, als Empfänger von Almosen. Natürlich spielen aber auch Obdachlose Fußball, wenn es ihnen möglich ist. Mittlerweile gibt es sogar eine WM, die vom INSP organisiert wird, dem „International Network of Streetpapers“. Das ist ein weltweiter Verbund von Obdachlosenzeitungen. Seit 2003 findet die WM jedes Jahr statt. Nach dem Auftakt in Graz folgten Turniere in Göteborg (2004), Edinburgh (2005), Kapstadt (2006), Kopenhagen (2007), Melbourne (2008), Mailand (2009), Rio de Janeiro (2010) und Paris (2011). Unter anderem haben folgende Teams teilgenommen:

Afghan .... Österreich
Art works FC .... USA
ASAFE Camaroes .... Kamerun
Big Issue Australia .... Australien
Big Issue in the North .... England
Big Issue Japan .... Japan
Big Issue Namibia .... Namibia
Big Issue SA .... Südafrika
Big Issue Scotland .... Schottland
Cais .... Portugal
Canucks .... Kanada
Crianza esperanza .... Brasilien
Danish Dynamite .... Dänemark
Dawn-Hong Kong .... Hongkong
Donaustrudl .... Deutschland
Factor S .... Uruguay
Faktum .... Schweden
FC Sverige Stars .... Schweden
Haags Straatnieuws ... Niederlande
Harbour Light .... Norwegen
Hecho en BsAs .... Argentinien
Hope Burundi .... Burundi
Hus Forbi .... Dänemark

Irland .... Issues Magazine
Frankreich .... La Voute
Österreich .... Megaphon
Spanien .... Milhistorias
Italien .... MultiEtnica 2001
USA .... New Yorkers
Slowakei .... Nota bene
Tschechien .... Novy Prostror
Brasilien .... Ocas
Polen .... Polish Eagles
Polen .... Polska
Russland .... Put domoj
Nigeria .... Search and Groom
Niederlande .... Straat
Niederlande .... Straatnieuws
Kenia .... Styria Kenya
Schweiz .... Surprise
Österreich .... Team Austria
Deutschland .... Team Germany
Wales .... Welsh Dragons
Ukraine .... Way home
Sambia .... Youth Academy
....

Arbitrieren .... ein Spiel pfeifen
Ä roti Charte übercho het .... eine rote Karte erhalten haben
Ä Törli .... ein Tor
Äxgüsi .... Entschuldigung
Barrage .... Relegationspiel
Bölä .... Ball
Chrüsimüsi .... Rudelbildung
Cöpfinal .... Pokalendspiel
Di Ufstigerjungs furt buzzä .... den Aufsteiger besiegen
Dottelis .... Versager
Eggä .... Ecke
En Ascht hä .... erschöpft sein
Er isch go Fuessball spielä .... er ist Fußball spielen gegangen
Flättärä .... Schlag ins Gesicht
Fuessball .... Fußball
Hans was Heiri .... total egal
Hüntschi .... Muskelkater
Iiluägä .... Chancenlos
Japsä .... außer Atem sein
Jöggelichaschte .... Tischfußball
Juuchzer .... Torschrei
Kniebäl .... müde
Naasäschtüübär .... Kopfstoß
Penältyschüssä .... Elfmeterschießen
Preusivogel .... Fliegenfänger
Schtuud .... Pfosten
Schuttschueh .... Fußballschuh
S' Höppärli machä lassä .... jemandem ein Bein stellen
Tschutte .... Fußball
Tüpfi .... Spielerfrau
Wiite hööche Liwürf .... sehr weiter, hoher Einwurf

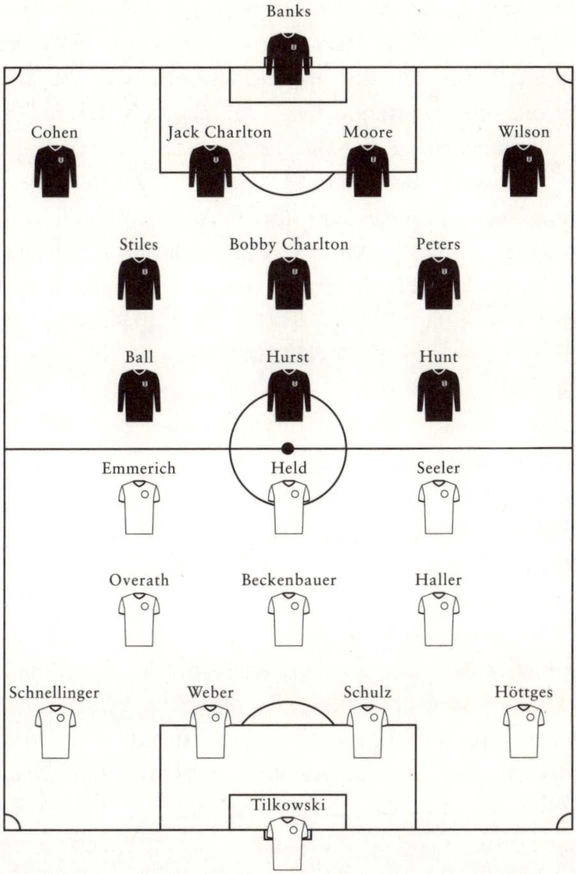

30. Juli 1966 • England vs. Deutschland 4:2 n.V. • Wembley Stadium, London • Zuschauer 96.924 • Schiedsrichter: Dienst, Schweiz • Linienrichter: Galba, CSSR/ Bachramow, Sowjetunion ....

0:1 *Haller* 12. Minute • 1:1 *Hurst* 18. Minute • 2:1 *Peters* 78. Minute • 2:2 *Weber* 90. Minute • 3:2 *Hurst* 101. Minute • 4:2 *Hurst* 120. Minute.

DER MAGNUS-EFFEKT

Das Geheimnis guter Freistöße wurde recht früh bekannt. Der Magnus-Effekt, entdeckt 1852 von Heinrich Gustav Magnus, bezeichnet ein Phänomen der Strömungsmechanik: die Querkraftwirkung auf eine rotierende Kugel. Dreht sich der Ball im Flug, verlässt er seine gerade Flugbahn. Entscheidend sind zwei Faktoren: wie weit außen der Ball getreten wird und wie fest. Beispiel: In einer Linksdrehung (verursacht mittels Anschneiden durch Treffen des Balles rechts von der Mitte) erhöht sich der Luftdruck auf der rechten Seite und die Flugbahn beschreibt eine Linkskurve ....

ALTE WÄHRUNG

Transferausgaben der Bundesligisten vor der Saison 1980/81.

Hamburger SV u.a. Franz Beckenbauer, ablösefrei	2.424.000 DM
1. FC Köln u.a. Rainer Bonhof **1.4 Mio DM**	2.225.000 DM
FC Bayern München u.a. Calle Del'Haye **1.1 Mio DM**	2.215.000 DM
TSV 1860 München u.a. Rudi Völler **700.000 DM**	2.170.000 DM
1. FC Nürnberg u.a. Wolfgang Frank **790.000 DM**	2.050.000 DM
Bayer 05 Uerdingen u.a. Heinz-Werner Eggeling **1.1 Mio DM**	2.020.000 DM
Arminia Bielefeld u.a. Wolfgang Kneib **650.000 DM**	2.000.000 DM
Bayer 04 Leverkusen u.a. Wolfgang Vöge **700.000 DM**	1.572.000 DM
Borussia Dortmund u.a. Rüdiger Abramczik **1.1 Mio DM**	1.390.000 DM
1. FC Kaiserslautern u.a. Friedhelm Funkel **750.000 DM**	1.276.326 DM
VfB Stuttgart u.a. Karl Allgöwer **725.000 DM**	1.275.000 DM
FC Schalke 04 u.a. Kurt Jara **800.000 DM**	955.000 DM
Eintracht Frankfurt u.a. Michael Sziedat **705.000 DM**	705.000 DM
MSV Duisburg u.a. Rudi Gores **600.000 DM**	630.000 DM
Karlsruher SC u.a. Emanuel Günther **350.000 DM**	530.000 DM
VfL Bochum u.a. Christian Gross **220.000 DM**	487.500 DM
Borussia M'gladbach u.a. Markus Mohren **5000 DM**	209.000 DM
Fortuna Düsseldorf u.a. Günter Kuczinski **175.000 DM**	195.000 DM

AUSWAHL HÄSSLICHER TRIKOTS

Karlsruher SC 1997/98 Design Weiß-blaue Streifen von den Schultern ausgehend, lösen sich nach unten auf. Genannt: *Der Wasserfall* Hersteller Adidas Stand besonders gut Sergej Kirjakow ....

1. FC Köln 1997/98 Design Rot, dazu gelb-orangefarbene Ärmel mit Wabenmuster Hersteller Puma Stand besonders gut Dirk Schuster ....

VfL Bochum 1997/98 Design Rechte Hälfte blau, linke Hälfte regenbogenfarben. Genannt: *Die Tropenvögel* Hersteller Eigenmarke Stand besonders gut Georgi Donkov ....

Hansa Rostock 1996/97 Design Weiß-blauer Kragen, roter Seitenstreifen, blaue und rote Dreiecke, klein gemusterte Schultern Hersteller Erima Stand besonders gut Mike Werner ....

Rot-Weiß Essen 1996/97 Design Weiß mit unterbrochenen rot-schwarzen Streifen. Genannt: *Die Blutenden* Hersteller Asics Stand besonders gut Angelo Vier ....

Deutsche Nationalmannschaft 1994 Design Weiß, gold-schwarz-rote Karos über Brust und Schultern. Genannt: *Harlekin-Trikot* Hersteller Adidas Stand besonders gut Andreas Möller ....

JÜNGSTE BUNDESLIGA-DEBÜTANTEN

Name	Jahre	Monate	Tage
Nuri Sahin Borussia Dortmund	16	11	1
Jürgen Friedl Eintracht Frankfurt	17	0	26
Ibrahim Tanko Borussia Dortmund	17	1	30
Christian Wörns Waldhof Mannheim	17	3	30
Christian Wück 1. FC Nürnberg	17	4	11
Marc-André ter Stegen Borussia M'gladbach	17	4	13
Lennart Hartmann Hertha BSC Berlin	17	4	14
Marc-André Kruska Borussia Dortmund	17	4	15
Dirk Drescher VfL Bochum	17	5	13
Mario Götze Borussia Dortmund	17	5	18

Verein	Maskottchen	Name
1. FC Köln	Geißbock	Hennes
MSV Duisburg	Zebra	Ennatz
Eintracht Frankfurt	Adler	Attila
KFC Uerdingen	Elefant	Grotifant
Borussia Dortmund	Biene	Emma
FC Bayern München	Bär	Berni
VfB Stuttgart	Krokodil	Fritzle
FC Schalke 04	Bergmann	Erwin
Hamburger SV	Dinosaurier	Hermann
Hertha BSC	Bär	Herthinho
SV Werder Bremen	Heidschnuckenbock	Pico (a.D.)
VfL Wolfsburg	Wolf	Wölfi
Bayer 04 Leverkusen	Löwe	Brian
Borussia M'gladbach	Fohlen	Jünther
Alemannia Aachen	Kartoffelkäfer	Al-Aix
1. FC Kaiserslautern	Teufel	Betzi
SC Preußen Münster	Adler	Fiffi
SpVgg Greuther Fürth	Drache	Eddy
Stuttgarter Kickers	Elefant	Flori
SC Freiburg	Fuchs	Füchsle
Rot-Weiß Oberhausen	Bär	Kleebär
FC Energie Cottbus	Fantasiefigur	Lauzi
SV Wacker Burghausen	Pandabär	Panda
1. FC Union Berlin	Ritter	Eisenhart
1. FC Nürnberg	Ritter	Frankie
KSV Holstein Kiel	Storch	Namenlos
SpVgg Unterhaching	Tiger	Tiger
VfB Lübeck	Elch	Tore
Fortuna Köln	Hahn	Riki
Erzgebirge Aue	Plüsch-Baby	Schachtscheißer

ES GIBT KEINE KLEINEN MEHR VI

Malta Versuchte sich erstmals in der WM-Qualifikation 1974. Seither: 1 Sieg, 72 Niederlagen, 9 Unentschieden. Torverhältnis 25:247.

SCHIEDSRICHTERBALL

Den Schiedsrichterball gibt es nicht oft, aber selbstverständlich ist für den Fall der Fälle alles geregelt. Allgemein ist zu sagen: Ein Schiedsrichterball wird gegeben, wenn das Spiel unterbrochen wird, ohne dass einer der Spieler gegen die Spielregeln verstoßen hat und sich der Ball innerhalb des Spielfeldes befindet. Das sieht folgendermaßen aus: Der Schiedsrichter hält den Ball auf der ausgestreckten Hand und lässt ihn dann aus Brusthöhe fallen. Der Ball ist wieder im Spiel, sobald er den Boden erreicht hat, ohne dass ihn zuvor ein Spieler berührt hat. Die Wortspieler unter den Schiedsrichtern nennen auch von Schiedsrichtern veranstaltete Tanzveranstaltungen Schiedsrichterball, worauf nicht näher eingegangen werden soll. Bei Fußballspielen gibt es einen Schiedsrichterball zum Beispiel in folgenden Situationen:

Spieler begehen Tätlichkeiten außerhalb des Platzes, z.B. Prügelei (**selten**) • Ein Spieler verletzt sich, obwohl kein Foulspiel vorangegangen ist (**kommt vor**) • Der Schiedsrichter erkennt einen eigenen Irrtum (**äußerst selten**) • Eine nicht zum Spiel gehörende Person läuft auf das Spielfeld, engl. Fachausdruck: streaker oder prankster (**immer häufiger**) • Witterungseinflüsse machen eine sofortige Spielunterbrechung notwendig (**selten**) • Störender Einfluss von Spielern, die sich von außerhalb des Spielfeldes bemerkbar machen (**selten**) • Ein zweiter Ball befindet sich auf dem Spielfeld (**kommt vor**) • Der Ball wird unbrauchbar, z.B. weil er platzt (**selten**) ....

BOMBER DER NATION IV

Spieler	Land	Ligaspiele	Tore
Bert de Cleyn	Belgien	395	350
KV Mechelen			1932–1954

Santiago Cañizares FC Valencia – musste 2002 Spaniens WM-Kader verlassen, nachdem er sich im Trainingslager beim Versuch, eine Rasierwasserflasche mit dem Fuß aufzufangen, an einer Scherbe sämtliche Sehnen im großen Zeh durchtrennt hatte ....
Svein Grondalen FC Nottinghamshire – verpasste in den Siebzigerjahren ein Länderspiel, nachdem er beim Joggen im Wald mit einem Elch kollidiert war ....
Alex Stepney Manchester United – der Torhüter renkte sich den Kiefer aus, als er seine Abwehr anschrie ....
Lee Hodget FC Barnsley – rutschte auf einem Stück Seife aus und holte sich eine böse Leistenzerrung ....
Oliver Reck FC Schalke 04 – zog sich eine äußerst hässliche Platzwunde zu, als er von einer herunterfallenden Seifenschale am Kopf getroffen wurde ....
Ramalho FC São Paulo – nahm ein Schmerzzäpfchen irrtümlich oral ein und büßte mit vier Tagen Bettruhe ....
Charles Akonnor VfL Wolfsburg – bohrte sich eine Autoantenne ins Nasenloch und verblutete beinahe daran. Das blutstillende Mittel, das er daraufhin einnehmen musste, stand leider auf der Dopingliste: drei Spiele Sperre ....
Stefan Kuntz 1. FC Kaiserslautern – dreifacher Bänderriss im Knöchel nach dem Ausstieg aus dem Mannschaftsbus ....
Franz Michelberger FC Bayern München – ebenfalls am Bus gescheitert, holte sich eine Knieprellung, als er im Trainingslager in Israel beim Einsteigen von einem Kamel gegen die Stufen gedrückt wurde.
Michael Stensgaard FC Liverpool – büßte mit sechs Monaten Pause, nachdem er sich beim Versuch, ein umfallendes Bügelbrett aufzuhalten, die rechte Schulter ausgekugelt hatte ....
Kevin Keegan Hamburger SV – blieb mit dem Zeh im Ausguss seiner Badewanne hängen, was nicht nur schmerzhaft klingt, sondern auch so schmerzhaft war, dass er mehrere Wochen pausieren musste.

Zinédine Zidane (geboren 1972), dreimaliger Weltfußballer des Jahres, pflegte eine Vorliebe für einen Trick, der mittlerweile „Zidane-Trick" genannt wird. Aus dem Dribbling heraus vollführte Zidane eine Drehung auf dem Ball, wichtig waren dabei hohes Tempo und höchste Präzision. Bei Zidane sah der Trick ganz einfach aus und vor allen Dingen äußerst elegant; alles ging sehr schnell, und plötzlich hatte er sich an seinem Gegenspieler vorbeibewegt.

Club Social y Deportivo Colo-Colo • Chile Benannt nach Colo Colo, einem berühmten Mapuche-Führer. Die Mapuche siedelten auf dem heutigen Gebiet Chiles und Argentiniens und widersetzten sich, standhafter und erfolgreicher als andere, der spanischen Kolonisation. Bei der Gründung des Klubs im April 1925 spielte all das eine Rolle. Das Beispiel Colo Colos passte zur angestrebten Vereinsphilosophie: rein im Herzen bleiben, kämpfen bis zum Letzten, Schmerz wegstecken und natürlich immer weitermachen. Für die strikte Umsetzung dieses Plans wurde man bislang mit 23 Sternen belohnt – für jede Meisterschaft mit einem. Zudem war der Verein zehnmal nationaler Pokalsieger und gewann 1991, als erster chilenischer Verein, den wichtigsten südamerikanischen Vereinswettbewerb, die *Copa Libertadores*. Deportivo Colo-Colo ist Chiles erfolgreichster Verein ....

Club Atlético Vélez Sarsfield • Argentinien 1909, Buenos Aires, ein Fußballspiel wird vom Wetter beendet: Es regnet. Drei Männer flüchten in den nahen Tunnel der Vélez-Sarsfield-Bahnstation und spielen dort weiter. Am 1. Januar 1910 gründeten sie einen neuen Verein – benannt nach dem Ort, an dem sie die Idee dazu hatten. Vielleicht war es so, zumindest wird es als Legende erzählt. Die Bahnstation jedenfalls war benannt nach dem argentinischen Historiker, Übersetzer, Patrioten, Kongressdelegierten und Richter Dalmazio Vélez Sarsfield (1801–1875), der berühmt wurde, indem er die Verfassungsreform 1860 vorbereitete. Eine britische Zeitung behauptete einmal, es gebe einen zusätzlichen Grund für die Namensgebung des Vereins: Der paraguayanische Torwart José Luis Chilavert, der bei Vélez Sarsfield spielte, habe eine Klappe, mindestens so groß wie besagter Bahntunnel ....

Julius Berger • Nigeria Der Name ist der des Sponsors – Julius Berger Nigeria PLC aus Abuja, einer Tochterfirma der deutschen Bilfinger Berger AG, befasst mit Hoch- und Industriebau. Die späteren Bundesligaprofis Sunday Oliseh und Jonathan Akpoborie begannen bei Julius Berger in Lagos ihre Karrieren. Julius Berger gewann zweimal die nigerianische Meisterschaft ....

Jorge Wilstermann • Bolivien Der Flughafen und der Fußballverein von Cochabamba, 220 Kilometer südöstlich der bolivianischen Hauptstadt La Paz gelegen, haben den Namensgeber gemeinsam. Jorge Wilstermann Camacho war der erste bolivianische Pilot der Lloyd Aéreo Boliviano. Mitarbeiter der Fluggesellschaft gründeten den Verein zunächst unter dem Namen San José de la Banda. Als Wilstermann starb, verfügte der Chef des Unternehmens, dass Flughafen und Fußballverein nach dem Verstorbenen benannt werden sollten. So geschah es. Man schrieb das Jahr 1958. Das Vereinslogo ist ein *W* mit Flügeln. Nur der Klub „The Strongest La Paz" sollte in Bolivien einen ungewöhnlicheren Namen erhalten ....

Club Atlético Newell's Old Boys • Argentinien Die Vereinsfarben sind schwarz und rot – was Großbritannien und Deutschland repräsentieren soll. Isaac Newell war Brite, 1884 in Kent geboren, und hatte eine deutsche Frau. Er gründete in Rosario, Argentinien, eine anglo-argentinische Wirtschaftsschule. Fußball hieß im Argentinien des beginnenden 20. Jahrhunderts „das verrückte englische Spiel", und so benannten Newells Schüler und sein Sohn Claudius ihren Fußballklub nach dem Briten; das war am 3. November 1903. Gründungsort war die Entre Rios Street, in der später, 1928, Che Guevara geboren wurde. Allerdings war Che Guevara bekennender Fan des anderen Teams in Rosario, des blau-gelb gewandeten Eisenbahnarbeiterklubs Rosaria Central. Das war der Grund, warum Diego Maradona fast nicht bei den Old Boys angeheuert hätte. Er tat es dann doch. Am 13. September 1993, gegen Ende seiner Karriere, unterschrieb er 32-jährig bei den Newell's Old Boys und machte deren Namen alle Ehre. 30.000 Fans verfolgten seine erste Trainingseinheit ....

APOTHEKE – NATÜRLICH

Dieter Trzolek ist Physiotherapeut des 1. FC Köln (zuvor von Bayer Leverkusen) und Urheber zahlreicher, zunächst seltsam anmutender Methoden zur Heilung bei Sportverletzungen. Freundlicherweise verrät er immer wieder ein paar seiner Tricks.

Bei Eisenmangel .... Einen Apfel essen, in dem über Nacht sechs Nägel steckten
Bei Muskelkater .... Eine Flasche Bier
Bei Knieschmerzen .... Feuchte Weißkohlblätter um das Knie wickeln
Bei Wadenkrämpfen .... Zwei Liter Wasser täglich und Bananen
Bei Sehnenscheidenentzündungen .. Einen Sud aus Cystusteekraut auftragen
Bei Schmerzen im Ischiasnerv .... Senf aufstreichen

WIR SIND NUR EIN KARNEVALSVEREIN? I

1. FC Köln, gegründet Februar 1948 (Fusion zwischen dem Kölner BC 01 und der SpVgg Sülz 07).

Örtliche Konkurrenz • Auswahl Die Grosse von 1823 Karnevalsgesellschaft e.V. • Große K.G. Greesberger e.V. Köln von 1852 • Kölner K.G Blomekörfge 1867 e.V. • Große Kölner K.G. e.V. von 1882 • K.G. Alt Köllen von 1883 e.V. • „Große Allgemeine“ K.G. von 1900 Köln e.V. • Alte Kölner K.G. „Schnüsse Tring“ 1901 e.V. • Große Mühlheimer K.G. e.V. gegr. 1903 • Kölner K.G. „Nippeser Bürgerwehr“ 1903 e.V. • Kölner K.G. „Fidele Zunftbrüder“ von 1919 e.V. • Große K.G. „Frohsinn“ Köln von 1919 e.V. • K.G. UHU von 1924 e.V. Köln-Dellbrück • K.G. Sr. Tollität Luftflotte e.V. 1926 • Große Dünnwalder K.G. 1927 e.V. (Fidele Jonge)• Große K.G. Närrische Insulaner Köln e.V. 1927 • K.G. Fidele Burggrafen e.V. 1927 • Große Sülz-Klettenberger K.G. e.V. von 1928 • K.G. „Die Falkensteiner“ von 1931 e.V. Köln-Kalk • Flittarder K.G. von 1934 e.V. • Kölner Karnevalsgesellschaft „Mer Blieve Zesamme“ e.V. von 1937 • K.G. „Löstige Höhenhuuser“ 1939 e.V. • Kölnische Karnevalsgesellschaft 1945 e.V. • K.G. „Mülheimer Narrenzunft“ 1948 e.V. • Große Höhenhauser Karnevals-Gesellschaft Naaksühle

1949 e.V. • Löstige Paulaner Kölner K.G. von 1949 e.V. • Kölner K.G. tafaba 1949 e.V. • Große Ehrenfelder K.G. „RHEINFLOTTE" e.V. 1951 • K.G. Alt-Severin e.V. 1951 „Mit den Winzern und Winzerinnen vun d'r Bottmüll" • K.G. Müllemer Junge Alt Mülheim e.V. 1951 • Deutzer K.G. „Schäl Sick" vun 1952 e.V. • Kölner Karnevalsgesellschaft Blau-Weiß 1956 e.V. • K.G. „Schwazze Kääls" e.V. von 1956 • K.G. Kölsche Lotterbove e.V. 1957 • Kölle Blieve Kölle Karnevals-Gesellschaft von 1960 • KKG Alt-Lindenthal e.V. 1967 • K.G. Kölsche Narren Gilde von 1967 e.V. • KKG Alt-Lindenthal e.V. 1967 • K.G. Kölsche Narren Gilde von 1967 e.V. • K.G. Blau-Rot 1969 e.V. Köln Dellbrück • K.G. „Die Isenburger" Köln-Holweide 1974 e.V. • Große Braunsfelder Karnevals-Gesellschaft von 1976 e.V. • 1. Kleine K.G. „Löstige Innenstädter" von 1980 e.V. ....

• TOR IN VENEDIG •

Gern werden Roman- und Filmtitel ein wenig umgewidmet, gerade so weit, dass sie den Bedürfnissen des Fußballs genügen. Hier einige Beispiele, die natürlich nie wieder vorkommen dürfen.

Match ohne Eigenschaften • Der zwölfte Mann • Herrn Millas Gespür fürs Tor • Mein Name sei Uwe Bein • Der Vollstrecker aus verlorener Ehre • Jäger des verlorenen Platzes • Aus der Mitte entspringt ein Schuss • Der Torminator • Der Torminator II • Wenn's beim Tormann zweimal klingelt • Der Mann mit dem goldenen Schuh • El Torado • Schuss ohne Wiederkehr • Die glorreichen Elf • Die Verwirrungen des Zöglings Torlos • Brennpunkt Bremen • Tanz der Roten Teufel • Fahrenheit 4-4-2 • Das Tor und der Tod • 2001 – Odyssee im Strafraum • Citizen Kahn • Der Fliegenfänger im Roggen • Tore tragen keine Karos • Zwei torreiche Halunken • Kohler rennt ....

Ankick .... Anstoß
Aufsitzer .... Aufsetzer
Ausschuss .... Torabstoß
Ballesterer .... Fußballer
Ballschani .... Balljunge
Bauchplätschn .... Bauchlandung
Corner .... Ecke
Dribblanski .... ballfertiger Spieler
Edelroller .... Kullerball
Eiergoalie .... schlechter Torhüter
Eisenbahnerschmäh .... Ball rechts, Körper links vorbei
Englischer .... Außenseitstoß
Fadesse .... Langeweile
Federant .... Angsthase
Fersler .... Fersenstoß
Fettn .... Effet
Gaberln .... den Ball hoch halten
Golatschn .... Blutgrätsche
Gurglpass .... verunglückter Pass in Halshöhe
Gurkerl .... Beinschuss
Hadern .... scharfer Schuss
Häfen .... Pokal
Häferl .... leicht reizbarer Gegner
Hands .... Handspiel
Haut .... Ball
Höhsche .... Spiel Fünf-gegen-Zwei
Insultierung .... Schiedsrichterbeleidigung
Jausengegner .... leichter Gegner
Kein Leiberl reißen .... nichts erreichen
Klapperl .... Pass durch die Beine
Knödelreiter .... Pferdekuss

Krachn .... scharfer Schuss
Laberl .... unrunder Ball
Leiberl haben .... zum Einsatz kommen
Nuppler .... unnötig kassierter Gegentreffer
Öfa, Penalty .... Strafstoß
Offside .... Abseitsstellung
Outwachler .... Linienrichter
Packeln .... Fußballschuhe
Paternosterklub .... Fahrstuhlmannschaft
Patschert .... ungeschickt
Primgeiger .... Führungsspieler
Reiberl .... Ellbogenstoß
Schinkerl .... Tritt gegen das Bein des Gegners
Schmähparade .... Torwartparade für die Galerie
Schraufen .... hohe Niederlage
Schuastertor .... Tor durch die Hosenträger
Schupferl .... Heber
Stange .... Pfosten
Stangerlpass .... Pass in den Strafraum entlang der Grundlinie
Steirergoal .... Tor, das auf Kosten des Torhüters geht
Tachinierer .... ein Spieler, der eine Verletzung nur markiert
Tröpfler .... glücklicher Treffer
Türl, Häusl .... Tor
Tupferl .... angetippter Ball
Wadlbeißer .... zäher Manndecker
Wappler .... schlechter Spieler
Wassern .... Zeitschinden
Wuchtel .... guter Schuss
Wutzler .... Tischfußball
Zangeln .... Dribbeln
Zniachtl .... Schwächling

Aus den Richtlinien der Uefa zum Bau eines Stadions: Räume für die Schiedsrichter. Bei der Planung der Räumlichkeiten sollte laut der Uefa berücksichtigt werden, dass heutzutage immer häufiger Spiele von weiblichen oder gemischten Schiedsrichterteams geleitet werden. Ein modernes Stadion sollte deshalb über gleichwertige Umkleideräume für beide Geschlechter verfügen.

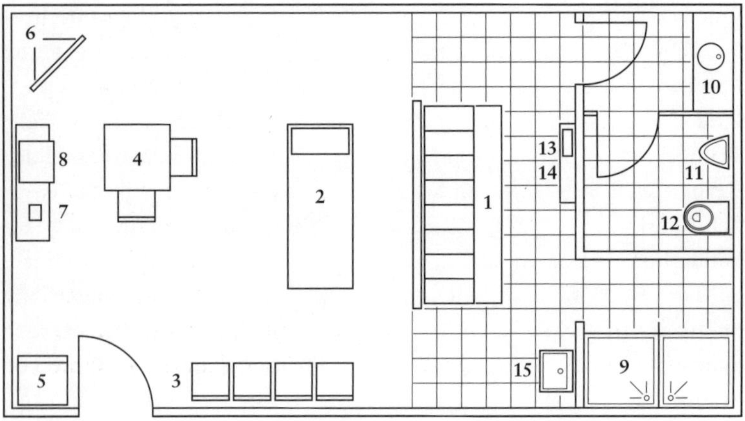

Lage/Größe: Getrennt, aber in der Nähe der Umkleideräume der Mannschaften • Mit direktem, geschütztem Zugang zum Spielfeld • Nicht zugänglich für Zuschauer oder Medienvertreter • Mindestgröße: 40 m² ....

Die Umkleideräume, Toiletten und Dusch-/Badeeinrichtungen sollten folgenden Anforderungen genügen: Gute Belüftung, Klimatisierung und Zentralheizung • Boden und Wände aus hygienischem, leicht zu reinigendem Material • Rutschfeste Bodenbeläge • Helle Beleuchtung ....

Ausstattung der Räume: **1.** Kleiderhaken oder -spinde für vier Personen **2.** Massagetisch **3.** Vier Stühle oder Sitzbank für vier Personen **4.** Tische mit zwei Stühlen **5.** Kühlschrank **6.** Taktiktafel **7.** Telefon (extern/intern) **8.** Fernseher ....

Sanitäre Einrichtungen und Toiletten (Mindestanforderungen) Lage: Unmittelbar neben dem Umkleideraum und mit direktem privaten Zugang **9.** 2 Duschen **10.** 1 Waschbecken mit Spiegel **11.** 1 Pissoir **12.** 1 Toilette **13.** 1 Haartrockner **14.** 1 Steckdose für Rasierapparate **15.** 1 Trog für Reinigung der Schuhe ....

• DAVID BECKHAM UND DIE TÄTOWIERUNGEN •

Linker Unterarm Victoria – Name von Beckhams Frau, auf Hindi und leider falsch geschrieben; auf dem Arm steht: Vihctoria ....
Linker Unterarm Ut Amem et Foveam – Um zu lieben und zu ehren.
Linker Unterarm „Meinem Geliebten gehöre ich und mir gehört der Geliebte" (aus Salomons „Lied der Lieder") – auf hebräisch ....
Linker Unterarm Bild seiner Frau Victoria, sowie weitere Inschriften, zum Beispiel: Forever by your side – Für immer an deiner Seite ....
Rechter Unterarm VII – Beckhams Lieblingszahl und ehemalige Rückennummer ....
Rechter Unterarm Perfectio in Spiritu – Perfektion im Geist ....
Rechter Trizeps Ein Michelangelo-Engel mit Inschrift: In the face of adversity – Trotz allem Ungemach ....
Nacken Grünes Kreuz mit Flügeln, darüber: Romeo – Name von Beckhams zweitem Sohn ....
Steißbein Brooklyn – Name von Beckhams erstem Sohn ....
Rückgrat Ein Engel mit ausgebreiteten Armen (nachträglich zugefügt: Flügel, später auch ein Heiligenschein), darunter: Cruz – Name von Beckhams drittem Sohn ....
Brustkorb Tod und Leben haben festgelegte Bestimmungen, Reichtum und Ehre hängen vom Himmel ab – auf chinesisch ....
Rechte Hüfte Ein sitzender, gebeugter Jesus ....

Für viele von Beckhams Tätowierungen ist Louis Molloy vom Middleton Tattoo Studio in Manchester verantwortlich (327 Oldham Road, Middleton, Manchester, Lancashire M24 2DN). Mittlerweile ist es unmöglich, genau Buch zu führen über all die Tätowierungen, da Beckham sich in aller Welt immer wieder neue Bilder, Symbole und Sprüche stechen lässt, was zu einer gewissen Unübersichtlichkeit geführt hat.

HÖHEPUNKTE EINER FREUNDSCHAFT

7. Juli 1974 **WM-Finale in München • Niederlande vs. Deutschland** 1:2
Es war das Scheitern des sogenannten „totalen Fußballs" ....
7. November 1978 **Ajax Amsterdam vs. FC Bayern München** 0:8
Es war Johan Cruyffs Abschiedsspiel in Amsterdam und eine Beleidigung ....
14. Juni 1980 **EM in Italien • Gruppenspiel Niederlande vs. Deutschland** 2:3
Es war ein wichtiger Schritt zum EM-Titel für die Deutschen ....
21. Juni 1988 **EM in Deutschland • Halbfinale Niederlande vs. Deutschland** 2:1
Es war das Spiel, nach dem sich Ronald Koeman mit dem Trikot von Olaf Thon den Hintern abwischte. Die Niederlande holten später im Finale gegen Russland den Titel.
24. Juni 1990 **Achtelfinale WM in Italien • Niederlande vs. Deutschland** 1:2
Es war das Spiel, in dem Frank Rijkaard Rudi Völler anspuckte ....

AN DER EIGENEN THEKE

Othmar Bajlicz Genannt „Der burgenländische George Best", 1974/75 Meister mit Wacker Innsbruck, außerdem: Vöest Linz, Eisenstadt ....
Chelsea Musicplace Lerchenfeldergürtel, U-Bahnbögen 29–30, Wien

•••

Thomas Bickel 1988/89 FC Zürich, 1989–1996 Grasshopper-Club Zürich ....
Schmuklerski Anker-, Ecke Badenerstraße, Zürich ....

•••

Rui Manuel César Costa 1991–1994 Benfica Lissabon, 1994–2001 AC Florenz, 2001–2006 AC Mailand, 2006–2008 Benfica Lissabon ....
Clube do Frango Avenida Colonel Eduardo Gal Hardo 26, Lissabon

•••

Luís Figo 1985–1995 Sporting Lissabon, 1995–2000 FC Barcelona, 2000–2005 Real Madrid, 2005–2009 Inter Mailand ....
Sete Café Marina de Vilamoura, 8125 Quarteira ....

•••

Karl-Heinz Granitza 1976–1978 Hertha BSC, 1978–1985 Chicago Sting ....
State Street Charlottenburg, Berlin*...

Axel Kruse 1990/91 Hertha BSC Berlin, 1991–1993 Eintracht Frankfurt, 1993–1996 VfB Stuttgart, 1996–1998 Hertha BSC Berlin ....

Kruses Sportsbar S-Bahnhof Jannowitzbrücke, Berlin* ....

●●●

Gerd Müller 1964–1979 FC Bayern München, 1979–1981 Fort Lauderdale Strikers, 1981/82 Smith Brothers Lounge Fort Lauderdale ....

Gerd Mueller's Ambry Commercial Boulevard, Fort Lauderdale* ....

●●●

Günter Netzer 1965–1973 Borussia Mönchengladbach, 1973–1976 Real Madrid, 1976–1978 Grasshopper-Club Zürich ....

Lovers Lane Mönchengladbach* ....

●●●

Lothar Skala 1970–1976 Kickers Offenbach, 1977–1979 Eintracht Frankfurt ....

Burger King Elisabethenstraße 23, Darmstadt ....

Burger King Escholbrückerstraße 43, Darmstadt ....

Burger King Kasinostraße 90, Darmstadt ....

●●●

Gert Trinklein 1968–1978 Eintracht Frankfurt, 1979/80 Dallas Burn ....

Brentanogarten Am Lindenplatz 1, Frankfurt ....

●●●

Klaus Toppmöller 1972–1980 1. FC Kaiserslautern ....

Toppis Sportsbar/Salmtal-Schänke Moselstraße 19, Rivenich ....

●●●

Zinédine Zidane 1992–1996 Girondins Bordeaux, 1996–2001 Juventus Turin, 2001–2006 Real Madrid ***und*** **Christophe Dugarry** 1989–1996 Girondins Bordeaux, 1996/97 AC Mailand, 1997–2002 Olympique Marseille, 2002/03 Girondins Bordeaux, 2003/04 Birmingham City, 2004/05 Qatar Sports Club ....

Le Nulle Part Ailleurs 19 Cours du Maréchal Foch, Bordeaux ......

●●●

Die mit einem Sternchen (*) gekennzeichneten Lokale haben mittlerweile für immer geschlossen. Alle anderen werden noch von den Fußballern betrieben.

Klaus und Thomas Allofs .... Fortuna Düsseldorf
Hamit und Halil Altintop .... FC Bayern München • Eintracht Frankfurt
Roberto und Edy Baggio .... Brescia Calcio • Salernitana Sport
Franco und Giuseppe Baresi .... AC Mailand • Inter Mailand
Guillermo und Gustavo Barros Schelotto .... Boca Juniors • River Plate
Lars und Sven Bender .... Bayer 04 Leverkusen • Borussia Dortmund
Ronald und Frank de Boer .... Ajax Amsterdam
Fabio und Paolo Cannavaro .... Juventus Turin • AC Parma
Jack und Bobby Charlton .... Manchester United • Leeds United
Bernd und Gert „Charly" Dörfel .... Hamburger SV
Rio und Anton Ferdinand .... Manchester United • West Ham United
Emanuele und Antonio Filippini .... AC Parma • Brescia Calcio
Bernd und Karlheinz Förster .... VfB Stuttgart
Friedhelm und Wolfgang Funkel .... KFC Uerdingen
Bjarni und Thórdur Gudjonsson .... VfL Bochum
Dietmar und Matthias Hamann .... FC Liverpool • LR Ahlen
Dieter und Uli Hoeneß .... VfB Stuttgart • FC Bayern München
Filippo und Simone Inzaghi .... AC Mailand • Atalanta Bergamo
Daniel und Niclas Jensen .... SV Werder Bremen • FC Kopenhagen
Martin und Mads Jørgensen .... AC Florenz • Ancona Calcio
Nwankwo und Christopher Kanu .... FC Porthsmouth • Eagle Cement
Willy und René van de Kerkhof .... PSV Eindhoven
Niko und Robert Kovac .... Red Bull Salzburg • Borussia Dortmund
Helmut und Erwin Kremers .... FC Schalke 04
Brian und Michael Laudrup .... FC Bayern München • FC Barcelona
Tommy und Peter Løvenkrands .... Esbjerg FB • Glasgow Rangers
Malte und Christoph Metzelder .... FC Ingolstadt 04 • Real Madrid
Emile und Mbo Mpenza .... Manchester City • RSC Anderlecht
Gary und Phil Neville .... Manchester United
Chris und Kenneth Obodo .... Udinese Calcio • AC Perugia
Karl-Heinz und Michael Rummenigge .... FC Bayern • Borussia Dortmund

Ebbe und Peter Sand .... FC Schalke 04 • Aarhus GF
Andreas und Oliver Schmidt .... Hertha BSC Berlin
Bastian und Tobias Schweinsteiger FC Bayern München • SpVgg Unterhaching
Dieter und Uwe Seeler .... Hamburger SV
Christian und Massimiliano Vieri .... Atalanta Bergamo • Novara Calcio
Rod, Ray und Danny Wallace .... FC Southhampton
Fritz und Ottmar Walter .... 1. FC Kaiserslautern
Niclas und Dennis Weiland .... FSV Mainz 05 • Waldhof Mannheim
Murat und Hakan Yakin .... FC Basel • Young Boys Bern
Damiano und Cristiano Zenoni .... AC Parma • Sampdoria Genua
Andreas und Michael Zeyer .... SC Freiburg • MSV Duisburg

• STADIONBIER •

Pro Spieltag werden pro Bundesliga-Stadion im Schnitt rund 48.000 Liter Bier getrunken. Zur Herstellung dieser Menge Bier wird – je nach Sorte – Folgendes benötigt:

Malz	8.112 kg	Hopfen	48–144 kg
Hefe	240–288 l	Wasser	62.400–67.200 l

Es gilt das Deutsche Reinheitsgebot von 1516. Das Stadionbier hat eine Stammwürze von zirka zwölf Prozent und einen Alkoholgehalt von zirka fünf Prozent. Ein Liter Bier hat einen Nährwert von rund 480 Kilokalorien. Es werden jedoch in vielen Stadien mittlerweile alkoholfreie Biere ausgeschenkt. Der Alkoholgehalt dieser Biere liegt – je nach Herstellungsprozess – nur noch zwischen 0,02 und 0,5 Prozent.

• REGELKUNDE IV •

Offizielle Fifa-Regeln, aus Regel 4 (Ausrüstung der Spieler).

Ein Spieler darf keine Kleidungsstücke oder Ausrüstungsgegenstände tragen, die für ihn oder einen anderen Spieler eine Gefahr darstellen (einschließlich jeder Art von Schmuck) ....

WEITE REISE I

Bisher größte Distanz in der Champions-League-Qualifikation.

2005/06 .... 5.189 km

Neftschi Baku **Aserbaidschan** vs. FJ Hafnarfjördur **Island** ....

RAFAEL GUERRERO ALONSO

Der unglaubliche Linienrichter Rafael Guerrero Alonso hat einen Fanklub und Autogrammkarten, zudem ist er der Star zahlreicher Werbespots. Eine Reihe grotesker Fehlentscheidungen hat ihn bekannt gemacht. Berühmt geworden ist eine Szene vom 29. September 1996. Es lief die 69. Minute der Partie Real Saragossa gegen den FC Barcelona (3:5), der Schiedsrichter holte sich nach einem Foul Rat bei Guerrero. Der Dialog wurde von den Fernsehmikrofonen mitgeschnitten.

Schiedsrichter ***aufgeregt:*** *Was war los?* Guerrero: *Die Nummer sechs war's. Empfehle Elfmeter und Platzverweis.* Schiedsrichter ***noch aufgeregter:*** *Rafa, erzähl' bloß keinen Mist. Ich scheiße auf meine Mutter, wenn das nicht stimmt!*

Die Nummer sechs, Xavier Aguado, wurde vom Platz gestellt – die Fernsehbilder zeigen, dass Aguado wirklich nichts mit der Sache zu tun hatte und das fragliche Foul von Jesús Angel Solana (Nummer drei) begangen worden war. Rafael Guerrero Alonso stand auch bei der Europameisterschaft 2004 in Portugal an der Linie, durfte aber seitdem zu seinem Bedauern an keinem großen Turnier mehr teilnehmen.

SIEGER DES GOLD CUPS

Der Gold Cup, ausgetragen seit 1991, ist das Länderturnier der nord- und zentralamerikanischen Staaten. Die Sieger qualifizieren sich für den Konföderationen-Pokal und für die Copa América. Um das Publikumsinteresse zu erhöhen, werden immer wieder Gäste zu dem Turnier eingeladen. Mitgespielt haben unter anderem bereits Brasilien, Südafrika, Südkorea und Kolumbien.

1991 USA • 1993 Mexiko • 1996 Mexiko • 1998 Mexiko • 2000 Kanada • 2002 USA • 2003 Mexiko • 2005 USA • 2007 USA • 2009 USA ....

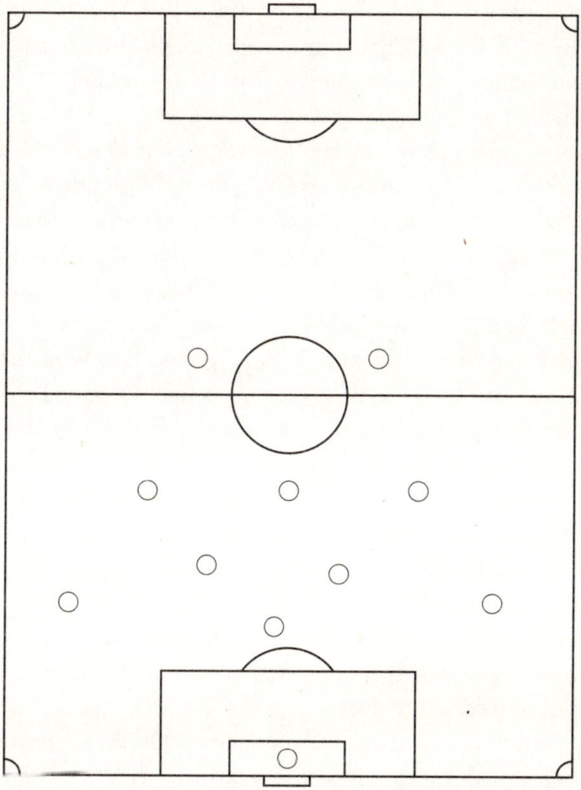

Italienische Vereine spielten dieses System bereits seit den Fünfzigerjahren, bekannt für den Catenaccio ist jedoch bis heute besonders die Mannschaft von Inter Mailand aus den Sechzigerjahren unter dem argentinischen Trainer Helenio Herrera. Vier Abwehrspieler, ein Libero, drei defensive Mittelfeldspieler und zwei zurückhängende Spitzen bewachten das Tor. Sobald die eigene Mannschaft eins zu null in Führung ging, zogen sich die Reihen noch enger zusammen. Das einzige offensive Element blieb der Konter. Im modernen Fußball ist der Catenaccio verpönt.

Celestine Babayaro FC Chelsea – bejubelte 1997 bei seinem Debüt für Chelsea ein Tor im Vorbereitungsspiel gegen Stevenage Borough mit einem Rückwärts-Salto. Brach sich dabei ein Bein ....
Stefan Barlin Djurgården Stockholm – bejubelte 2001 ein Tor gegen Hammarby, indem er rannte und immer wieder in die Luft sprang, wobei er eine Faust nach oben reckte. Stoppte plötzlich, griff sich ans Bein. Zerrung. Musste ausgewechselt werden, pausierte zwei Wochen ....
Paulo Diogo Servette Genf – traf 2004 gegen Schaffhausen, lief vom Spielfeld zur Tribüne und jubelte mit den Fans, wobei er sich mit seinem Ehering am Zaun verhakte, was dazu führte, dass er sich den halben Finger abriss. Schiedsrichter Florian Etter zeigte Diogo wegen zu ausgiebigen Jubelns die gelbe Karte. Der Finger konnte nicht wieder angenäht werden ....
Shaun Goater Manchester City – traf in der Saison 1997/98 im Relegationsspiel bei Stoke City, fiel beim Jubeln auf seinen Arm, welcher brach. Musste ausgewechselt werden ....
Shaun Goater Manchester City – bejubelte in der Saison 2002/03 in Birmingham ein Tor des Teamkollegen Nicolas Anelka, indem er in eine Werbebande trat. Zog sich dabei eine Knieverletzung zu. Musste ausgewechselt werden ....
Thierry Henry Arsenal London – erzielte 2000 in der Partie gegen Chelsea sein zweites Tor, es war das Siegtor (2:1). Lief zum Feiern an die Eckfahne. Musste dann behandelt werden, weil er sich mit der Eckfahne ins Gesicht geschlagen hatte ....
Gábor Király Hertha BSC Berlin – bejubelte 2004 das zweite Berliner Tor beim 3:1-Sieg in Hannover recht exzessiv, der Ersatztorwart sprang von der Bank auf und zog sich bei der Landung einen Muskelfaserriss in der Wade zu ....
Martin Palermo FC Villarreal – traf im spanischen Pokal 2001 gegen CD Levante, lief zu den Fans. Eine Mauer vor der Tribüne gab

unter dem Gewicht der jubelnden Fans nach und fiel auf Palermo, der sich Schien- und Wadenbein brach ....

Patrick Vieira Arsenal London – erzielte 1997 das zweite Tor für Arsenal bei einem 3:2 gegen Manchester United. Bejubelte den Treffer, indem er auf beiden Knien über den Rasen rutschte. Musste in der Halbzeit ausgewechselt werden und fehlte fünf Wochen wegen Knieproblemen ....

• AUF DEM GOLFPLATZ •

Franz Roth **geboren 1946** .... **Handicap** 5
Klaus Fischer **geboren 1948** .... **Handicap** 6
Helmut Kremers **geboren 1949** .... **Handicap** 6
Jürgen Grabowski **geboren 1944** .... **Handicap** 7
Franz Beckenbauer **geboren 1945** .... **Handicap** 7
Sepp Maier **geboren 1944** .... **Handicap** 7,5
Kevin Keegan **geboren 1951** .... **Handicap** 10
Rainer Bonhof **geboren 1952** .... **Handicap** 11
Bernd Schuster **geboren 1959** .... **Handicap** 13
Dieter Hoeneß **geboren 1953** .... **Handicap** 13
Thomas Allofs **geboren 1959** .... **Handicap** 15
Karl-Heinz Riedle **geboren 1965** .... **Handicap** 15
Andreas Brehme **geboren 1960** .... **Handicap** 16
Uli Hoeneß **geboren 1952** .... **Handicap** 18
Oliver Bierhoff **geboren 1968** .... **Handicap** 21
Thomas Berthold **geboren 1964** .... **Handicap** 22
Winfried Schäfer **geboren 1950** .... **Handicap** 22
Lothar Matthäus **geboren 1961** .... **Handicap** 26
Harald Schumacher **geboren 1954** .... **Handicap** 26
Oliver Kahn **geboren 1969** .... **Handicap** 27
Klaus Allofs **geboren 1956** .... **Handicap** 28

• REGELKUNDE V •

Offizielle Fifa-Regeln, aus Regel 13 (Freistöße).

Zeichen des Schiedsrichters: Er zeigt einen indirekten Freistoß an, indem er seinen Arm über den Kopf hebt. Er muss den Arm in dieser Position belassen, bis der Stoß ausgeführt ist und der Ball von einem anderen Spieler berührt wurde oder aus dem Spiel geht ....

• TORSCHÜTZENKÖNIGE DER WM-TURNIERE •

1930 Guillermo Stabile Argentinien .... Tore 8
1934 Oldrich Nejedly Tschechoslowakei .... Tore 5
1938 Leonidas Brasilien .... Tore 8
1950 Ademir Marques De Menezes Brasilien .... Tore 7
1954 Sándor Kocsis Ungarn .... Tore 11
1958 Just Fontaine Frankreich .... Tore 13
1962 Drazan Jerkovic Jugoslawien .... Tore 4
1962 Florian Albert Ungarn .... Tore 4
1962 Garrincha Brasilien .... Tore 4
1962 Leonel Sanchez Chile .... Tore 4
1962 Valentin Iwanow Sowjetunion .... Tore 4
1966 Eusébio Portugal .... Tore 9
1970 Gerd Müller Deutschland .... Tore 10
1974 Grzegorz Lato Polen .... Tore 7
1978 Mario Kempes Argentinien .... Tore 6
1982 Paolo Rossi Italien .... Tore 6
1986 Gary Lineker England .... Tore 6
1990 Toto Schillaci Italien .... Tore 6
1994 Hristo Stoitshkov Bulgarien .... Tore 6
1994 Oleg Salenko Russland .... Tore 6
1998 Davor Suker Kroatien .... Tore 6
2002 Ronaldo Brasilien .... Tore 8
2006 Miroslav Klose Deutschland .... Tore 5

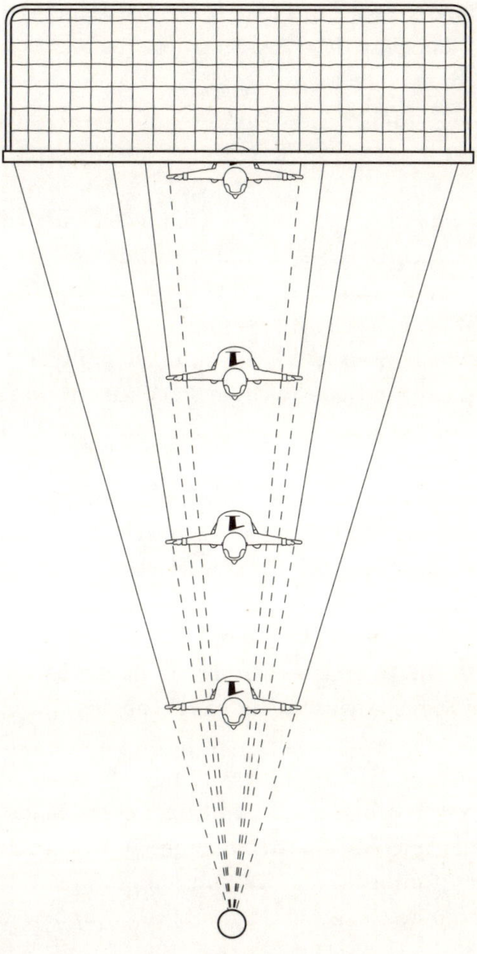

Je weiter der Torhüter dem Angreifer entgegengeht, desto geringer wird für diesen die Möglichkeit, den Ball am Tormann vorbei neben den Pfosten zu platzieren. Torhüter mit großer Spannweite haben einen Vorteil.

Das große Spiel D 1942 Ein Fußballstar löst seine Liebesprobleme und gewinnt das Herz der Präsidententochter – durch das Siegtor im Meisterschaftsfinale ....

Torszenen .... **hin und wieder**

Choreografie .... **Sepp Herberger**

•••

Der Theodor im Fußballtor D 1950 Theo Lingen hält den Kasten sauber. Ein Riesen-Schwank! ....

Torszenen .... **äußerst selten**

•••

Fußball wie noch nie D 1970 Ein Dokumentarfilmer (H. Costard), acht Kameras und ein Genie (George Best), auf das sie gerichtet sind.

Torszenen .... **verschwommen**

•••

Die Angst des Tormanns beim Elfmeter D 1972 Nach dem Roman von Peter Handke. Wim Wenders' sehr, sehr langsamer Film über einen Torwart und einen Kinokassenangestellten ....

Torszenen .... **ein paar wenige**

•••

Libero D 1973 Die Geschichte des Franz Beckenbauer, mit Harald Leipnitz und Klaus Löwitsch, und: Beckenbauer ....

Torszenen .... **auch**

•••

L'Arbitro I 1974 Italienische Komödie über einen Schiedsrichter, der sich nicht aufs Spiel konzentrieren kann. Der Grund für seine Verwirrung: Joan Collins ....

Torszenen .... **kommen vor**

•••

Die Profis D 1979 Im Doppelzimmer mit Hoeneß und Breitner. Näher ist man Fußballern wohl selten gekommen ....

Torszenen .... **ja, aber auch Bettszenen**

Escape To Victory USA 1981 Hollywoodfilm über kickende Kriegsgefangene. Silvester Stallone steht im Tor, und Pelé zeigt Tricks. Außerdem im Team: Osvaldo Ardiles, Paul van Hymst und Bobby Moore.

Torszenen .... haarsträubend

Regie .... John Huston

•••

Keiner haut wie Don Camillo I 1983 Terence Hill als Dorfgeistlicher betrügt beim Kartenspiel, fährt Rollerskates und leitet das örtliche Fußballteam ....

Achtung .... Überlänge

Torszenen .... immer mal wieder

•••

Nordkurve D 1992 Doku-Spielfilm von Adolf Winkelmann. Eine Ruhrgebietshymne: 24 Stunden im Leben von Borussia Dortmund, was hier heißt: hauptsächlich im Leben der Fans ....

Torszenen .... durchaus

•••

When Saturday Comes GB 1995 Der englische Heldentraum. Ein Brauereiarbeiter, der selbst ganz gerne einen trinkt, spielt sich hoch bis in die Premier League ....

Torszenen .... von Zeit zu Zeit

•••

Fever Pitch GB 1997 Nach dem Roman von Nick Hornby. Leben und Leiden eines Arsenal-Fans ....

Achtung .... nicht mit dem amerikanischen Baseballfilm zu verwechseln

Torszenen .... reichlich

•••

Shaolin Kickers Hongkong 2001 Mischung aus Kung-Fu- und Fußballabenteuer. Einer der erfolgreichsten Hongkong-Filme bis heute .....

Bemerkenswert .... Jackie Chan hat die Musik geschrieben

Torszenen .... ja

Im Westen ging die Sonne auf D 2002 Eine kleine Geschichte von Kohle und Fußball. Mitten aus dem Pott ....

Torszenen .... unter Tage

•••

Bend It Like Beckham GB 2002 Eine junge Inderin träumt in England vom perfekten Freistoß. In einer Nebenrolle: Beckham ....

Torszenen .... sind dabei

•••

Das Wunder von Bern D 2003 Weil das Wankdorf-Stadion nicht mehr steht, wird es am Computer nachgebaut. Das sieht man ....

Torszenen .... animiert

•••

The Other Final N 2003 Das alternative Finale einer besonderen Weltmeisterschaft: der Vorletzte und der Letzte der Fifa-Weltrangliste, Bhutan und Montserrat, treffen aufeinander. Bhutan gewinnt 4:0 ...

Torszenen .... nur auf einer Seite

•••

Miss Superball 2006 – Superbabez mit Ballgefühl D 2006 Erotik-Darstellerinnen aus allen Teilnehmerländern der WM 2006 treten gegeneinander an – im Kampf um die beste Pose. Puh! ....

Torszenen .... FSK 16

•••

Deutschland – ein Sommermärchen • Die besten Frauen der Welt D 2006 • 2007 Zwei Dokumentationen, ein Ziel: dabei zu sein, wenn die Deutschen Weltmeister werden. Hat nur einmal geklappt ....

Torszenen .... männlich und weiblich

•••

Freigespielt D 2007 Überraschend gelungenes Portrait der Karriere des Ballkünstlers Mehmet Scholl. Und das, obwohl einer der Regisseure der notorische Eduard Augustin ist ....

Torszenen .... Pointenreich

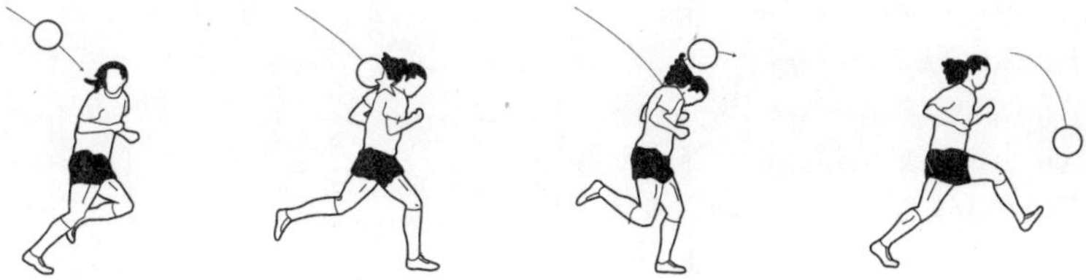

Der brasilianische Fußballer Ronaldinho pflegt eine ganz besondere Beziehung zum Ball. Das Wort Beziehung ist hier tatsächlich angebracht, denn Ronaldinho nennt den Ball seine „Geliebte". Mit der stellt er allerhand an, zum Beispiel den Trick namens *lencol* (oben), zu deutsch Bettdecke. Oder er sorgt für Vergnügen, indem er den *elastico* (unten) vorführt. Ronaldinho gelingt es, selbst mit dem Rücken zärtlich zu seiner Geliebten zu sein. Er stoppt die Kugel mit dem Kreuz, und wie das so ist in einer funktionierenden Beziehung: Anschließend ziehen die beiden unaufhaltsam von dannen, glücklich vereint in perfekter Harmonie (Mitte).

Ralf Kohl SC Freiburg .... Kanzler
Jürgen Kohler Waldhof Mannheim .... Kokser
Philipp Lahm FC Bayern München .... Wireless Lahm
Willi Landgraf Alemannia Aachen .... Kampfgraf
Ewald Lienen Borussia M'gladbach .... Zettel-Ewald
Willi Lippens Rot-Weiß Essen .... Ente
Werner Lorant TSV 1860 München .... Werner Beinhart
César Luis Menotti Rosario Central .... Der Dünne
Rinus Michels Nationaltrainer Holland .... Der General
Roger Milla St. Pierre .... Der Kaiser von Kamerun
Andreas Möller Borussia Dortmund .... Heintje
Alexandr Mostowoj Celta de Vigo .... Der Zar
Erik Mykland FC Kopenhagen .... Mücke
Andreas Neuendorf Hertha BSC Berlin .... Zecke
Marcelo Pletsch Borussia M'gladbach .... Ikea
Lukas Podolski 1. FC Köln .... Prinz Poldi
Anton Polster 1. FC Köln .... Toni Doppelpack
Herbert Prohaska Austria Wien .... Schneckerl
Helmut Rahn Rot-Weiß Essen .... Der Boss
Fabrizio Ravanelli AC Perugia .... Die weiße Feder
Oliver Reck SV Werder Bremen .... Pannen-Olli
Karl-Heinz Riedle Borussia Dortmund .... Air Riedle
Frank Rijkaard AC Mailand .... Das Lama
Juan Román Riquelme Boca Juniors .... Das Zollhäuschen
Ronaldo Real Madrid .... Das Phänomen
Wayne Rooney Manchester United .... Wazza
Tomás Rosicky Borussia Dortmund .... Schnitzel
Marcelo Salas Juventus Turin .... El Matador
Matthias Sammer Borussia Dortmund .... Motzki
Roque Santa Cruz FC Bayern München .... Baby-Gol
Javier Saviola Boca Juniors .... Das Kaninchen

Edgar Schmitt Karlsruher SC .... Euro-Eddy
Bernd Schneider Bayer 04 Leverkusen .... Schnix
Bernd Schuster 1. FC Köln .... Der blonde Engel
Marco Simone AC Mailand .... Batman
Hakan Sükür Galatasaray Istanbul .... Der Bulle vom Bosporus
Naohiro Takahara Hamburger SV .... Sushi-Bomber
Olaf Thon FC Schalke 04 .... Professor
Lilian Thuram Juventus Turin .... Der Philosoph
Michael Thurk FSV Mainz 05 .... Todesthurk, Killermichel
Adolfo Valencia FC Bayern München .... El Tren
Edwin van der Sar FC Fulham .... Dumbo
Rafael van der Vaart Hamburger SV .... Tulpen-Beckham
Rudi Völler Bayer 04 Leverkusen .... Tante Käthe
Berti Vogts Borussia M'gladbach .... Terrier
Bernd Wehmeyer Hamburger SV .... Fummel
Marc Wilmots FC Schalke 04 .... Willi, das Kampfschwein
Zlatko Zahovic Benfica Lissabon .... ZZ Top
Sergio Zárate 1. FC Nürnberg .... Zaubermaus
Boudewijn Zenden FC Liverpool .... Die Rakete
Zinédine Zidane Real Madrid .... Zizou
Dino Zoff Lazio Rom .... Dino Nazionale
Michael Zorc Borussia Dortmund .... Susi

• ZWEISTELLIGE BUNDESLIGA-SIEGE •

1966/67 Borussia M'gladbach vs. FC Schalke 04 .... 11:0
1967/68 Borussia M'gladbach vs. Borussia Neunkirchen 10:0
1971/72 FC Bayern München vs. Borussia Dortmund 11:1
1977/78 Borussia M'gladbach vs. Borussia Dortmund 12:0
1982/83 Borussia Dortmund vs. Arminia Bielefeld 11:1
1984/85 Borussia M'gladbach vs. Eintracht Braunschweig 10:0

1974 wurde noch ausschließlich deutsch gesungen, doch bereits 1978 wagte sich die deutsche Fußball-Nationalmannschaft vorsichtig an eine fremde Sprache heran. 1982 sang sie schon recht befreit auf, 1986 fühlten sich die Spieler im Spanischen so sicher, dass sie eine Liebeserklärung zu Gehör brachten. 1990 sangen sie weltmännisch und weise, 1994 waren die Spieler so weit, dass sie vollständig auf die deutsche Sprache verzichteten. Für 1998 wäre etwas richtig Flottes zu erwarten gewesen, vielleicht: Bonjour, ça va, Bonjour, ça va, wir fahr'n nach Frankreich, oh là là (z.B. mit Mireille Mathieu) – doch irgendetwas ist schiefgegangen in der musikalischen Entwicklung der Nationalmannschaft, wie hier anhand ausgewählter Zitate gezeigt werden soll. Diese Fehlentwicklung führte zum Verstummen des Teams im Jahr 2002.

• WM 1974 •

Die deutsche Fußball-Nationalmannschaft *Fußball ist unser Leben* • Musik *Jack White* • Erschienen 1973 auf dem Album *Fußball ist unser Leben – Das Album* • Label *Polydor* ....

Refrain *Fußball ist unser Leben, der König Fußball regiert die Welt – ... – Ja, einer für alle, alle für einen, wir halten fest zusammen – Und ist der Sieg dann unser, sind Freud und Ehr für uns alle bestellt.*

• WM 1978 •

Udo Jürgens und die deutsche Fußball-Nationalmannschaft *Buenos Dias Argentina* • Erschienen auf dem Album *Buenos Dias Argentina. Er hält den Ball – Sie hält den Daumen* • Label *Ariola* ....

Refrain *Buenos dias, Argentina, guten Tag, du fremdes Land – Buenos dias, Argentina, komm, wir reichen uns die Hand – Buenos dias, Argentina, so heißt meine Melodie.*

• WM 1982 •

Michael Schanze und die deutsche Fußball-Nationalmannschaft *Olé España* • Erschienen auf dem Album *Olé España – Das Album* • Label *Ariola* ....

Refrain *Olé olé, olé ola, olé España y la musica!*

• WM 1986 •

Peter Alexander und die deutsche Fußball-Nationalmannschaft *Mexico Mi Amor* • Erschienen auf der 7"-Vinyl *Mexico Mi Amor. Hasta Mañana Mexico* • Label *Ariola.*

Refrain *Mexico mi amor – mi amor – mi amor – Spiegel der stolzen Seele sind deine Lieder – Mexico mi amor – mi amor – mi amor.*

• WM 1990 •

Udo Jürgens und die deutsche Fußball-Nationalmannschaft *Sempre Roma* • Erschienen auf dem Album *Sempre Roma* • Label *Ariola* ....

Refrain *Sempre Roma – wie ein großes Wort für Leben – Sempre Roma – heut und ewig – immer Rom – Sempre Roma.*

• WM 1994 •

Village People feat. deutsche Fußball-Nationalmannschaft *Far away in America* • Erschienen auf dem Album *Far away in America* • Label *BMG Ariola* ....

Refrain *Far away in America we're gonna make it.*

Ebenfalls zur WM 1994 als Singleauskopplungen erschienen Nicole und die deutsche Fußball-Nationalmannschaft *It's Just A Game* • Scorpions und die deutsche Fußball-Nationalmannschaft *No Pain No Gain.*

• WM 1998 •

Anna Maria Kaufmann, Joey Tempest und das London Royal Philharmonic Orchestra *Running with a dream* • Auftragskomposition des DFB • Idee *Berti Vogts* • Erschienen auf dem Album *Anna Maria Kaufmann with the Royal Philharmonic Orchestra. A song cycle by Mike Batt. Blame It On The Moon* • Label *Polydor* ....

Refrain *Running with a dream – Burning deep inside – Don't let them bring you down – Don't let this chance go by – Running with a dream – Only we can show – How far this road will lead.*

• WM 2002 & WM 2006 & WM 2010 •

Kein WM-Song des Deutschen Fußball-Bundes ....

SCHIRI, WIR WISSEN, WO DEIN AUTO STEHT

Arbitre, owunu mumalu kwendila, ecalu diako tua mwene yo .... Kikongo • Angola

Ref, we know where ya car's parked .... Englisch • Australien

Árbitro, nós sabemos aonde está o seu carro .... Portugiesisch • Brasilien

Arbitre, an yé i mobile djô yôrô don .... Bambara • Elfenbeinküste

Ref, we know where your car is parked .... Englisch • England

Arbitre, on sait où t'as garé ta voiture .... Französisch • Frankreich

Refri, yenim se ehe na wo kaa gyina ho .... Twi • Ghana

Dadwar ma midaniem maschienat kodscha hast .... Persisch • Iran

Arbitro, sappiamo dove hai parcheggiato la macchina .... Italienisch • Italien

Ref, we know where you park di car! .... Patois • Jamaika

Shinpan doko ni kuruma wo tometaka sitteruzo .... Japanisch • Japan

Shimpan, ni cha o di inon dschi uri non ara .... Koreanisch • Korea

Sudac, znamo gdje ti auto stoji .... Serbo-Kroatisch • Kroatien

Arbiter, we weten waar je auto staat .... Holländisch • Niederlande

Sdzio, my wiemy gdzie stoi twój samochód! .... Polnisch • Polen

Arbitro, sabemos onde deixaste o teu carro! .... Portugiesisch • Portugal

ayooha alhakam nalam ayna awkafta syartka .... Arabisch • Saudi-Arabien

Domare, vi vet var din bil sta .... Schwedisch • Schweden

Schiri, miar wüssend, wo dis Auto parkiert häsch .... Schwyzerdütsch • Schweiz

¡Arbitro, sabemos donde has aparcado tu coche! .... Spanisch • Spanien

Ekpêkula mignan fiké owla ehunwado .... Ewe • Togo

Rozhodì, my vìme kde parkuje .... Tschechisch • Tschechien

Suddjá, mi snájemo, de stojítj twoje áwto .... Ukrainisch • Ukraine

DAS BUNDESVERDIENSTKREUZ

1962 *Sepp Herberger* • 1970 *Uwe Seeler* • 1970 *Fritz Walter* • 1976 *Dettmar Cramer (außerdem Ehren-Häuptling der Mohikaner und Sioux)* • 1977 *Gerd Müller* • 1978 *Sepp Maier* • 1989 *Jupp Derwall* • 1997 *Bert Trautmann* • 1997 *Holger Obermann* • 1997 *Rudi Gutendorf* • 2004 *Ottmar Walter* • 2004 *Horst Eckel* • 2005 *Otto Rehhagel* • 2006 *Franz Beckenbauer* • 2006 *Joseph S. Blatter* • 2007 *Jürgen Klinsmann*

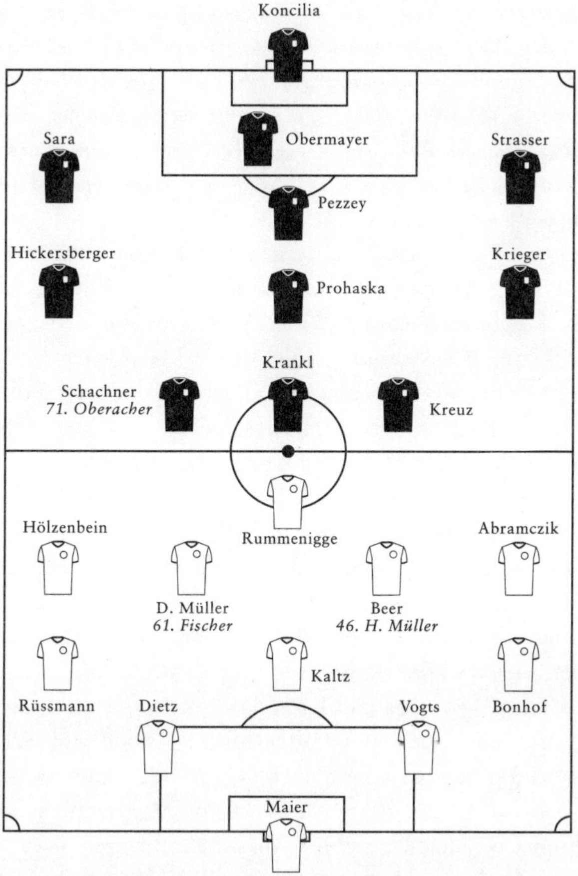

21. Juni 1978 • Beginn 13.45 Uhr (Ortszeit) • Estadio La Plata, Córdoba, Argentinien • Zuschauer: 38.318 • Wechsel: 46. *H. Müller* für *Beer,* 61. *Fischer* für *D. Müller,* 71. *Oberacher* für *Schachner* • Torfolge: 0:1 *Rummenigge* (19.), 1:1 *Vogts* (59., Eigentor), 2:1 *Krankl* (66.), 2:2 *Hölzenbein* (67.), 3:2 *Krankl* (87.) • Schiedsrichter: *Abraham Klein* (Israel) • Assistenten: *Alojzy Jargus* (Polen), *José Antonio* Garrido (Spanien).

Einigen Mannschaften ist es gelungen, den Europapokal der Pokalsieger zu gewinnen, obwohl sie den Pokal ihres Heimatlandes nicht gewonnen hatten. Das funktionierte in der Regel so, dass man das nationale Pokalfinale gegen den Klub verlor, der zugleich Landesmeister wurde. Dieser Klub spielte dann im Europapokal der Landesmeister beziehungsweise in der Champions League und konnte deshalb seinen Platz im Pokalsieger-Cup nicht wahrnehmen. 1999 wurde der Europapokal der Pokalsieger abgeschafft und ging im Uefa-Pokal auf.

AC Florenz Gewann 1961, hatte das italienische Pokalfinale 1960 gegen Meister Juventus Turin verloren ....

Glasgow Rangers Gewannen 1972, hatten das schottische Pokalfinale 1971 im Wiederholungsspiel gegen Meister Celtic Glasgow verloren. In der zweiten Runde des Europapokals der Pokalsieger verloren die Rangers im Elfmeterschießen 0:3 gegen Sporting Lissabon – das Elfmeterschießen war jedoch fälschlicherweise vom Schiedsrichter angesetzt worden. Die Rangers hatten zu Hause 3:2 gewonnen und in Lissabon nach Verlängerung 3:4 verloren; sie waren also wegen der mehr erzielten Auswärtstore bereits Sieger der Runde ....

RSC Anderlecht Gewann 1978, hatte das belgische Pokalfinale 1977 gegen den Meister FC Brügge verloren ....

Dynamo Tiflis Gewann 1981, hatte das Pokalfinale der Sowjetunion 1980 gegen Schachtjor Donezk verloren. Jedoch war Schachtjor nicht Meister. Das Finale fand nach dem Meldeschluss des europäischen Verbandes Uefa statt. Klar war vor Meldeschluss nur, dass beide Teams für den Uefa-Pokal qualifiziert waren. Der Verband entschied sich dann dafür, fristgemäß Tiflis als Teilnehmer für den Pokalsieger-Cup zu melden, obwohl das nationale Finale noch nicht gespielt war – eine Entscheidung, die sich im Rückblick als so falsch wie richtig erwies ....

FC Barcelona Gewann 1997, hatte das spanische Pokalfinale 1996 gegen Meister Atlético Madrid verloren ....

EIN KLUB, NEUN NAMEN

Dass ein Verein seinen Namen ändert, kommt immer wieder mal vor. Die Anhänger von Juventus Bukarest (Rumänien) dürften dennoch eine Identitätskrise durchgemacht haben. In der Saison 1947/48 trat Juventus zunächst unter seinem gewohnten Namen an. 1948 wurde dieser geändert in Distributia Bukarest. Die Saison 1948/49 spielte der Klub als Petrolul Bukarest, wurde 1949 jedoch in Competrol Bukarest umbenannt. 1950 trat die Mannschaft unter dem Namen Partizanul Bukarest auf. Freilich nur bis 1951, neuer Name: Flacara Bukarest. Es kam schlimmer. 1952 zog das Team in die Ölstadt Ploiesti um. Bis 1956 hieß der Klub Flacara Ploiesti, wurde in diesem Jahr in Energia Ploiesti umbenannt und ein Jahr später in Petrolul Ploiesti. So heißt er bis heute (obwohl er 1992 kurz FC Ploiesti hieß, was sich aber nach einer Fusion mit dem Klub Astra Ploiesti wieder erledigt hatte).

1947/48 .... Juventus Bukarest
1948 .... Distributia Bukarest
1948/49 .... Petrolul Bukarest
1949 .... Competrol Bukarest
1950 .... Partizanul Bukarest
1951 .... Flacara Bukarest
1952 .... Flacara Ploiesti
1956 .... Energia Ploiesti
Seit 1957/58 .... Petrolul Ploiesti

SCHIEDSRICHTER WERDEN

Voraussetzungen Mindestalter 12 Jahre, Mitgliedschaft in einem Verein, Interesse am Fußball, Einsatzbereitschaft für jährlich mindestens 20 Spielleitungen und Teilnahme an Weiterbildungsveranstaltungen an acht bis zwölf Tagen pro Jahr ....

Ausbildung Je nach Landesverband 20 bis 50 Unterrichtsstunden im Zeitraum von drei bis zwölf Ausbildungstagen innerhalb von einer Woche bis sechs Wochen. Dabei Einführung in die Grundzüge der Fußballregeln ....

Wie schafft man es, dass ein Haufen Staatschefs, sonstige Politiker und ein paar in Ehren ergraute ehemalige Fußballer sich kurze Hosen anziehen und über eine Wiese rennen? Das ist natürlich ganz einfach, man setzt ein Fußballspiel an, bildet zwei Mannschaften und wirft einen Ball aufs Feld. So geschehen am Rande des EU-Lateinamerika-Karibik-Gipfels. Am 11. Mai 2006 standen sich in Wien „EU-Präsidentschaft“ und „EU-Kommission“ als Gegner gegenüber. Das Spiel wurde auf einem Kleinfeld ausgetragen, es endete 7:7 und wurde dann per Siebenmeterschießen entschieden.

•••

EU-Präsidentschaft vs. EU-Kommission: 7:7 (1:1) • Ort: Budo-Center • Zuschauer: 1.000 • Schiedsrichter: Fritz Stuchlik (Österreich) • Tore: 1:0 *Wolfgang Schüssel* • 1:1 *Branko Oblak* • 2:1 *Recep Tayyip Erdogan* • 2:2 *Alejandro Toledo* • 3:2 *Ivo Sanader* • 3:3 *Olli Rehn* • 3:4 *Janez Jansa* • 3:5 *Oblak* • 3:6 *Rehn* • 3:7 *Toledo* • 4:7 *Josef Hickersberger* • 5:7 *Fatih Terim* (Siebenmeter) • 6:7 *Sanader* • 7:7 *Terim* .... *Siebenmeterschießen:* 3:0 • Sanader, Erdogan und Sergej Stanischew verwandelten. Toledo, Calin Popescu Tariceanu und Kazimierz Marcinkiewicz vergaben.

•••

EU-Präsidenschaft: TOR *Klaus Lindenberger* (Österreich / ehemals Nationalspieler) • *Esmail Pashapour* (Österreich / Olympia-Teilnehmer im Fechten) • FELD *Wolfgang Schüssel* (Österreich / Bundeskanzler / EU-Ratsvorsitzender / Kapitän) • *Ivo Sanader* (Kroatien / Regierungschef) • *Zlatko Kranjcar* (Kroatien / Nationaltrainer) • *Recep Tayyip Erdogan* (Türkei / Regierungschef) • *Fatih Terim* (Türkei / Nationaltrainer) • *Sergej Stanischew* (Bulgarien / Regierungschef) • *Andrej Zeljaskow* (Bulgarien / ehemals Nationalspieler) • *Josef Hickersberger* (Österreich / Nationaltrainer) • *Jean Christophe Filori* (Frankreich / Mitglied des Kabinetts von EU-Erweiterungskommissar Olli Rehn).

•••

EU-Kommission: TOR *Jozef Mlynarczyk* (Polen / ehemals Nationalspieler) • FELD *Jose Manuel Barroso* (Portugal / EU-Kommissionschef / Kapitän) • *Janez Jansa* (Slowenien / Regierungschef) • *Branko Oblak* (Slowenien / Nationaltrainer) • *Kazimierz Marcinkiewicz* (Polen / Regierungschef) • *Calin Popescu Tariceanu* (Rumänien / Regierungschef) • *Ilie Nastase* (Rumänien / ehemals Tennisprofi) • *Olli Rehn* (Finnland / EU-Erweiterungskommissar) • Als Gast: *Alejandro Toledo Manrique* (Peru / Präsident).

••• Pokale von Real Madrid •••

9 x Champions League bzw. Europapokal der Landesmeister *1955/56, 1956/57, 1957/58, 1958/59, 1959/60, 1965/66, 1997/98, 1999/00, 2001/02* ••• **2 x Uefa-Cup** *1984/85, 1985/86* ••• **3 x Weltpokal** *1960, 1998, 2002* ••• **1 x Europäischer Supercup** *2002* ••• **31 x Spanischer Meister** *1931/32, 1932/33, 1953/54, 1954/55, 1956/57, 1957/58, 1960/61, 1961/62, 1962/63, 1963/64, 1964/65, 1966/67, 1967/68, 1968/69, 1971/72, 1974/75, 1975/76, 1977/78, 1978/79, 1979/80, 1985/86, 1986/87, 1987/88, 1988/89, 1989/90, 1994/95, 1996/97, 2000/01, 2002/03, 2006/07, 2007/08* ••• **17 x Spanischer Pokalsieger** *1904/05, 1905/06, 1906/07, 1907/08, 1916/17, 1933/34, 1935/36, 1945/46, 1946/47, 1961/62, 1969/70, 1973/74, 1974/75, 1979/80, 1981/82, 1988/89, 1992/93* ••• **7 x Spanischer Supercup** *1988, 1989, 1990, 1993, 1997, 2001, 2003* ••• **1 x Spanischer Ligapokal** *1984/85* ••• **2 x Copa Latina** *1955, 1957* ••• **u.v.a.**

••• Pokale der spanischen Nationalmannschaft •••

2 x Europameister *1964, 2008*

Ägypten	Pharaonen
Albanien	Skipetaren
Argentinien	Gauchos
Australien	Socceroos
Belgien	Rode Duivels
Brasilien	Canarios
Costa Rica	Ticos
Dänemark	Danish Dynamite
England	Three Lions
Frankreich	Les Bleus • Equipe Tricolore
Italien	Squadra Azzurra
Kamerun	Die unbezähmbaren Löwen
Kongo	Simbas
Niederlande	Oranjes
Nigeria	Super Eagles
Panama	Canaleros
Paraguay	Guaraníes
Polen	Klub Polska
Russland	Sbornaja
Saudi-Arabien	Wüstensöhne
Schottland	Bravehearts
Schweden	Tre Kronors
Schweiz	Eidgenossen
Senegal	Die Löwen von Teranga
Spanien	Furia Roja
Südafrika	Bafana Bafana
Südkorea	Taeguk Warriors
Tunesien	Die Adler von Karthago
Ungarn	Magyaren
Uruguay	Charrúas
USA	Stars and Stripes

DER GROTIFANT

Unter all den fürchterlichen Maskottchen im Fußball hat sich der Grotifant eine Sonderstellung erarbeitet. Er ist ein graues Wesen mit Elefantenkopf, das einmal einen Linienrichter geschubst hat – das brachte ihm in manchen Fankreisen Respekt ein. Eine besondere Beziehung zum Grotifanten (der tatsächlich und unfasslicherweise wegen des Uerdinger Stadions namens „Grotenburg-Kampfbahn" so heißt, wie er heißt) unterhalten die Fans der Düsseldorfer Fortuna. 2004 jagten sie ihn einmal quer über den Platz, doch der Grotifant konnte sich retten. Eines Tages, so steht zu befürchten, wird der Grotifant zu langsam sein. In den Halbzeitpausen schlägt der Grotifant gern ein paar Flanken für die Auswechselspieler ....

NACHNAMEN ENGLISCHER KLUBS

Albion • Alexandra • Argyle • Athletic • City • County • Diamonds • End • Forest • Harriers • Hotspur • Orient • Palace • Rangers • Rovers • Town • United ....

MIT IM BILD

In den Neunzigerjahren war es bei manchen Vereinen üblich, allerlei Gegenstände mit aufs offizielle Mannschaftsfoto zu schmuggeln, die wie zufällig in der Gegend herumstanden.

1998/99	Stuttgarter Kickers	Erstaunlich große Sporttasche
1998/99	KFC Uerdingen	Deutlich zu großer Ballsack
1998/99	FC Gütersloh	Hüfthoher Bierdeckel (Herforder Pils)
1997/98	SV Meppen ...	Kreissäge, Kompressor, Hochdruckreiniger
1997/98	FC Schalke 04	Staubsauger und Hochdruckreiniger
1997/98	VfL Bochum	Hüfthoher Bierdeckel (Kronen)
1996/97	Borussia M'gladbach	Sechs Flaschen Fohlenpower
1996/97	SC Freiburg	Gewaltiger Bad-Wärmekörper (Zehnder)

ES GIBT KEINE KLEINEN MEHR VII

Nepal Versuchte sich in der WM-Qualifikation 1986, 1990, 1998 2002, 2010. 2 Siege, 20 Niederlagen, 2 Unentschieden. Tore 15:87.

STIMMEN AUS GIJÓN 1982

Bei der WM 1982 besiegte Deutschland Österreich im letzten Vorrundenspiel im spanischen Gijón 1:0. Genau dieses Resultat reichte beiden Teams zum Weiterkommen.

Manfred Payrhuber • ORF-Radio: *Ja, so was hat man selten gesehen. Also ich muss es jetzt ganz offen aussprechen: Das schaut a bisserl nach Schiebung aus. Eins zu null für die Deutschen: Damit wären also beide Mannschaften qualifiziert. Acht Querpässen folgt ein Steilpass. Es gibt hier heftige Diskussionen auf der Presse-, Rundfunk- und Fernsehtribüne (...), alle wissen, es wird sich hier nicht mehr allzu viel tun. Kein einziger nennenswerter Torschuss in der zweiten Hälfte von beiden Mannschaften. Ja, es riecht schon sehr nach Schiebung. Das Publikum pfeift mit Recht. Es ist ein Scheiberlspiel auf beiden Seiten. Das Match wird zweifellos in die Geschichte eingehen. Wenn dieses Spiel nicht geschoben ist, dann kenn ich mich im Fußball nicht mehr aus ....*

Im Prinzip müsste man die Übertragung beenden. Jetzt wieder Turbulenzen, Tumulte auf den Rängen. Die Polizei hat alle Hände voll zu tun. Jetzt gellen die Pfiffe durch das Stadion: Schiebung! Schiebung! Es schaut kein Mensch mehr auf das Spiel! Mein Gott, na! ....

Eberhard Stanjek • BR-Fernsehen: *Sie erlauben mir sicher, dass ich die Szenen, die sich hier unten abspielen, nicht weiter veredle ....*

Was hier geboten wird, ist schändlich. (...) Mit Fußball, mit einem Spiel in einer Weltmeisterschaft, hat das nichts mehr zu tun ....

Hier kann einer sagen, was er will – nicht alle Mittel heiligen den Zweck. Die spanischen Zuschauer (...) winken mit den weißen Taschentüchern, wie sie es beim Stierkampf tun, wenn ihnen etwas missfällt oder der tote Stier aus der Arena geschleift wird ....

Schön ist das wirklich nicht, was sich hier abspielt. Das, was hier geboten wurde, ist schlicht und einfach eine Schande ....
Armin Hauffe • WDR-Rundfunk: *Meine Damen und Herren, wenn jener Mann, der die Fußballweltmeisterschaft 1930 ins Leben gerufen hat, Jules Rimes, dieses Spiel sehen könnte, ich glaube, er würde die Welt nicht mehr verstehen. Und ich bin schon der Meinung, dass der Deutsche Fußballbund nach diesem Spiel, insbesondere der ausländischen Öffentlichkeit, aber auch uns allen in der Bundesrepublik, eine Erklärung schuldig sein wird, denn der Schaden, der dem deutschen Fußball hier von seinen Akteuren – über die Österreicher wollen wir gar nicht mehr reden, das ist im Augenblick deren eigenes Problem – zugefügt wird, der ist beträchtlich, ganz ohne Frage. Die Spieler wirken wie Fremdkörper in einem Stadion, das ein einziger Hexenkessel des Unwillens, der Wut, der Enttäuschung ist ....*

.... **Nach dem Spiel** ....

Hans Krankl: *Ich weiß nicht, was man will. Wir sind qualifiziert ...*
Uwe Reinders: *Was interessiert mich das, wenn Tante Frieda zu Hause Zirkus macht? ....*
Jupp Derwall: *Wir wären dumm gewesen, wenn wir nicht vorsichtig gespielt hätten, die Österreicher wären auch dumm gewesen, wenn sie nicht vorsichtig gespielt hätten ....*
Hans Tschak • Delegationsleiter Österreich: *Natürlich ist heute taktisch gespielt worden. Aber wenn jetzt deswegen hier 10.000 Wüstensöhne im Stadion einen Skandal entfachen wollen, zeigt das doch nur, dass die zu wenig Schulen haben. Da kommt so ein Scheich aus einer Oase, darf nach 300 Jahren mal WM-Luft schnuppern und glaubt, jetzt die Klappe aufreißen zu können! ....*
Hermann Neuberger • DFB-Präsident: *Ich möchte sagen, dass die deutsche Mannschaft an und für sich das Recht hatte, langsam zu spielen und auf Sicherheit zu spielen ....*

• FUSSBALL UND MUSIK IV •

Aus „Dann macht es bumm!" (Gerd Müller).

„Dann macht es bumm, – Ja, dann kracht's, – Und alles schreit, – Der Müller macht's! – Dann macht es bumm, – Dann gibt's ein Tor, – Und alles schreit dann: Müller vor!" ....

• EINIGE SERIENMEISTER •

Verein	Titel in Serie	Land	Jahr
Skonto Riga	14	Lettland	1991–2004
Rosenborg Trondheim	13	Norwegen	1992–2004
FC Tafea	12	Vanuatu	1994–2005
BFC Dynamo Berlin	10	DDR	1979–1988
Dynamo Tiflis	10	Georgien	1990–1999
CDNA (heute: ZSKA) Sofia	9	Bulgarien	1954–1962
Celtic Glasgow	9	Schottland	1966–1974
Club Franciscain	9	Martinique	1999–2007
Dynamo Kiew	9	Ukraine	1993–2001
FC Hafia	9	Guinea	1971–1979
Glasgow Rangers	9	Schottland	1989–1997
FC Titikaveka	9	Cook-Inseln	1971–1979
Central Sport	8	Tahiti	1972–1979
CD Elá Nguema	8	Äquatorial-Guinea	1984–1991
SC Lotoha'apai	8	Tonga	1998–2005
SS Saint-Louisienne	8	Réunion	1963–1970
Silures de Bobo Dioulasso	8	Burkina Faso	1974–1981
Al-Ahli	7	Ägypten	1994–2000
Espérance ST	7	Tunesien	1998–2004
Maribor Branik	7	Slowenien	1997–2003
Robin Hood	7	Surinam	1983–1989
Újpesti Dózsa	7	Ungarn	1969–1975
SC Villa	7	Uganda	1998–2004

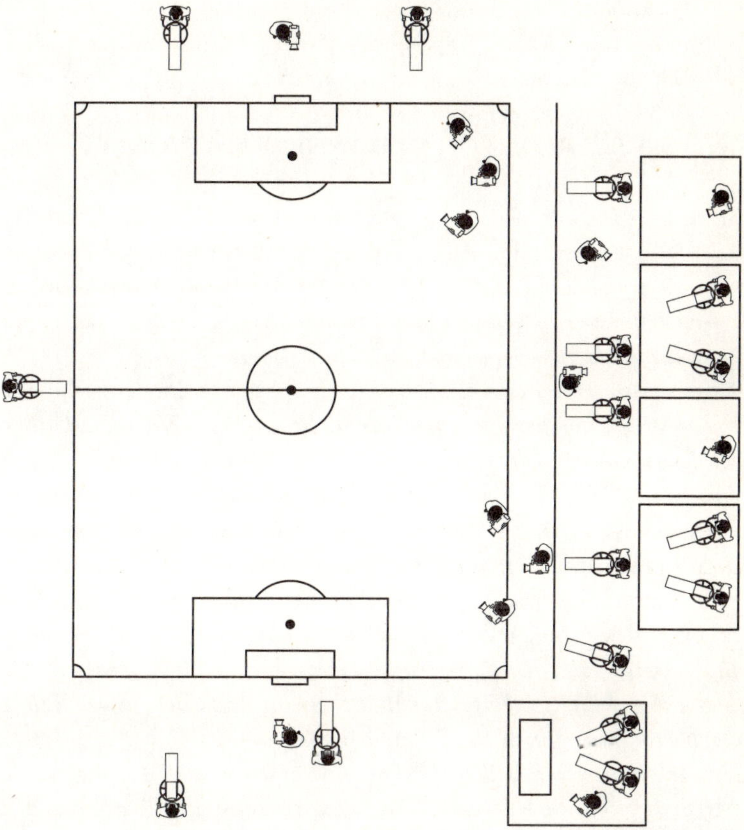

Bei Live-Übertragungen von Fußballspielen kommen heute bis zu 30 Kameras zum Einsatz. Die Spielbilder werden von mehreren fest positionierten Kameras mit unterschiedlichen Brennweiten sowie von mehreren Handkameras aufgenommen. Mindestens zwei Kameras zeichnen die Zeitlupe auf. Dazu kommen die Kameras, die die Sender in ihren mobilen Studios nutzen, sowie die Kameras für die Interviews auf dem Spielfeld.

• BOMBER DER NATION V •

Spieler	Land	Ligaspiele	Tore
Telmo Zarraonandia	Spanien	279	**251**
Athletic Bilbao			1939–1955

• DIE REDE VON GIOVANNI TRAPATTONI •

Am 10. März 1998 gibt Giovanni Trapattoni, damals Trainer des FC Bayern München, eine Pressekonferenz. Er ist recht erregt, es geht ihm auf die Nerven, dass er fortwährend wegen seiner vermeintlich defensiven Taktik kritisiert wird. Trapattoni setzt zu einer hitzigen Rede an, die er in einer sehr freien Grammatik hält. Er hat an diesem Tag den deutschen Sprachschatz um einige hübsche Konstruktionen bereichert.

Es gibt Momente in diese Mannschaft, oh, einige Spieler vergessen ihnen Profi, was sie sind. Ich lese nicht sehr viel Zeitungen, aber ich habe gehört viele Situationen. Erstens: Wir haben nicht offensiv gespielt. Es gibt keine deutsche Mannschaft spiel offensiv und dynam-offensiv wie Bayern. Letztes Spiel hatten wir im Platz drei Spitzen. Elber, Jancker und dann Zickler ....

Wir mussen nicht vergesse Zickler. Zickler ist eine Spitzen mehr Mehmet, eh, mehr, eh Basler. Is klar diese Worte, is möglich versteh, was ich hab gesagt? Dann: Offensiv. Offensiv is wie maken in Platz. Zweite: Ich habe erklär mit diese zwei Spiele nach Dortmund brauch vielleicht Halbzeitpause ....

Ich habe auch andere Mannschaft geseh in Europa nach diese Mittwoch. Ich habe geseh auch zwei Tage de Training. Ein Trainer is nich ein Idiot. Ein Trainer saih, eh seh, was passieren in Platz. In diese Spiel, es waren zwei, drei diese Spieler waren schwach wie eine Flasche leer! Habe sie gesehen Mittwoch? Welche Mannschaft hat gespielt Mittwoch? Hat gespielt Mehmet, or hat gespielt Basler, or hat gespielt Trapattoni? ....

Diese Spieler beklagen mehr als Spiel! Wissen Sie, warum die Italien-Mannschaften kaufen nicht diese Spieler? Weil wir haben gesehen viele Male dumme Spiel. Haben gesagt, sind nicht Spieler für die italienisch, eh, Meisters ....

Strunz! Strunz is zwei Jahre hier und hat gespielt seine Spiel. Is immer verletzt. Was erlaube Strunz? Letzte Jahr Meister geworden mit Hamann, eh, Nerlinger. Diese Spieler ware Spieler! Waren Meister geworden! Ist immer verletzt! Hat gespielt 25 Spiele in dieser Mannschaft, in dieser Verein. Mussen respektieren die andere Kollega! Haben viel nett Kollega. Stellen Sie die Kollega die Frage! Haben keine Mut an Worte! Weil ich weiß, was denken über diese Spieler. Mussen zeigen jetzt! Ich will Samstag, diese Spieler mussen zeigen mich, eh zeigen die Fans. Mussen alleine die Spiel gewinnen! Mussen alleine Spiel gewinnen! ....

Ich bin müde jetzt der Vater dieser Spieler – eh, verteidige diese Spieler! Ich habe immer die Schulde über diese Spieler! Einer is Mario, einer, andere is Mehmet! Strunz dagegen, egal, hat nur gespielt 25 Prozent diese Spiel. Ich habe fertig! ....

• DAS DEUTSCHE JAHR IM UEFA-CUP •

In der Saison 1979/80 nahmen fünf deutsche Mannschaften am Uefa-Cup teil, vier hatten sich über ihre Tabellenplatzierung qualifiziert, Borussia Mönchengladbach durfte als Titelverteidiger teilnehmen. Alle fünf erreichten das Viertelfinale. Dort besiegte der FC Bayern München den 1. FC Kaiserslautern, die anderen drei deutschen Teams setzten sich gegen internationale Konkurrenz durch. Das führte zu einem nur von deutschen Klubs besetzten Halbfinale; kein deutscher Klub ist gegen einen nicht-deutschen Klub ausgeschieden. Bis heute hat keine Nation den Uefa-Cup in dieser Weise dominiert.

Halbfinale VfB Stuttgart *vs.* Borussia M'gladbach .... 2:1 • 0:2

•••

Halbfinale FC Bayern München *vs.* Eintracht Frankfurt .... 2:0 • 1:5 n.V.

•••

Finale Borussia M'gladbach *vs.* Eintracht Frankfurt .... 3:2 • 0:1

Es war der 06. April 2007. Giovanni Trapattoni, mittlerweile Trainer von Red Bull Salzburg, war wieder einmal in Rage. Journalisten hatten sein Training kritisiert, nachdem Salzburg drei Tage zuvor im Halbfinale des ÖFB-Cups gegen den SV Mattersburg verloren hatte. Seit seinem legendären Wutausbruch als Trainer des FC Bayern München im Jahr 1998 hatte er sich, abgesehen von der ein oder anderen natürlich unverständlichen Kurztirade, für seine Verhältnisse ruhig, beinahe gelassen verhalten. An diesem Tag aber setzte Giovanni Trapattoni an zu einer neuen, großen Rede über den Fußball, Österreich und dies und das.

•••

Ich lese nicht die Worter, kommen direkt in meine Ohr. Kollega sprechen über ... ich versteh die Kritiker, ma ich kann nicht akzeptieret die Kritiker über Profi unsere Arbeit. Ich kann kritisiere sie, nach dreizehn Jahren schreiben, will wissen nicht, oh, wie können nicht schreiben. Dreizehn Jahre. Unsere Training ist stark, modern, ist auch eine Training gewinne auch! Letzte Jahr es gab Osterreich. Musse nicht versteh! Drei Tage vorher wir haben gespielt. Wir haben geläuft bis neunzig Minute. Immer diese Leute verstehe gar nicht über die Training. Das nicht verstehen! Kann nicht kritisiere, wie schreiben Sie! Ich muss akzeptiere! Ich habe 21 Erfolg! Auch letzte Jahr und vor zwei Jahre noch! Es gibt, eh, blablablablabla in Rücken! ....

Was versteh' Sie? Nur sprechen. Die Wörter ist einfach! Sehr einfach Wörter! Wir könne' nicht schreiben! Nach dreißig Jahre! Ich muss akzeptieren Kritiker, ja! Ergebnis, Kritiker, Fehler ja! Es geht „bla, bla, bla, bla" in Rücken! I weil i kenne i sage auch die Name. Letzte Jahr war eine andere Situation. Diese Jahr eine andere Situation. Wir sind Führung von Tabelle mit diese Systema. Eh, die-die-die-die-die, die verletzt sind nur die Knöchel, die Knie, in die andere Situation ....

Gottseidank nur ein paar die Faserrissen! Warum? Erfahrung in Kopf! Versteh' Sie? Ich studiere Physiologie! Letzte Jahr es gab diese große, große Zentrum. Da! Was hat gemacht? Viele, viele Verletzungen auch! Fehler sind Fehler und verletzt ist auch besonders ... Unsere Training! Kennen nicht die Stress, die Spieler haben. Was kennen Sie! Was kennen Sie über d-d-d-d-die Stress haben die Spieler in Kopf! Immer nur laufen! Ohne zwei Fehler wir waren noch in Final! Verstehst du? Du bist eine d-d-d-diese Gruppe. Immer die Leute bla-bla-bla-bla-bla-bla ....

Immer tutututututu! Jedes Spiel! Ja! Schau! Gucken die Training! Was versteh' die Training? Was verstehs' über die Training? Lothar hat gespielt bei mir in Italien mit unsere Training. War Unterschied ein bisschen war so. Hat immer gespielt. Warum? Wir Meister auch! Wir Pokal. Warum? Warum? Warum war Lothar? Er war Andere? Wir habe gespielt auch gegen Mattersburg, starke Mannschaft in d-diese Liga! ....

Ich verstehe die Leute – bezahl ... richtig sein ... und pfeif! Kein Problema – lassen pfeif! Ist richtig! Wir verloren! Wir akzeptieren dieses. Man ist die andere Situation. Andere Situation. Ich bin ein Profi über Physiologie. Ich bin ein Profi über Physiologie. Dreißig Jahre! 21 Erfolg! ....

Vielleicht diese Jahre, vielleicht! Noch nicht noch! Was versteh' Sie, wenn gucken eine Training! Was versteh Sie! Was versteh Sie! Nur sprechen! Die Wörter ist einfach. Sehr einfach, Wörter! Wer kann machen – machen? Wer kann nicht machen – sprechen! Wer kann nicht sprechen – nicht schreiben, ah! Das ist eine große Würde, die Chelsea, die große Professor, die Arzt. Ich habe immer jetzt immer gemacht! Immer gemacht! Warum zwei, oh, drei, stärke, am beste Mannschaft in Europa. Ich kann sagen die Name: Chelsea, Milan. Haben am besten Physiologie, die Arzt. Haben zwanzig Arzt! Diese Jahre bekommen, waren schwach. Waren ... warum? ....

Ich kenne warum! Sie no! Sie nein! Ich kenne warum! War immer Gast, war immer Trainer, war immer Arzt, war ... Warum? Chelsea auch. Haben große große ... Warum? Warum diese Jahr die Bayern anfangen so? Warum? Ist Bayern. Warum? Antworten Sie mich! ...... Wie heisst diese Name, der hat geschrieben, diese? Diese Name über Zeitung, wie heißt? Schreibt immer nur ein Wort ... schreiben natürlich. Diese müssen antworten mich! Ich muss antworten nie, warum? Bayern ist Bayern, eh, hat fünfzehn Internationalspieler .... War schwach – warum? ... Müssen versteh', warum wir machen wenig und nicht. Müssen versteh', wenn wir läuft bis 90. Minute, wir haben ... eh beweisen, eh, bewiesen, viel Male. Viel, viel, viel Male. Wir haben große geführt, wir sind vorne in Tabelle. Warum? Ich weiß warum. Wann ist das? Ich versteh. Wann ist das? Ok ...... Was was du versteh' wenn Niko o andere sind müde. Oh nein, was versteh' Sie? Ich versteh'! In Training ich versteh' auch die Spieler. Ich versteh'! Nicht Sie! Jede Spieler hat schon Mentalität. Ich habe immer die große Mannschaften gehabt, die große Spieler gehabt .... Beispiel Lothar! Er hat nicht verloren in Mailand mit diese Mentalität. Oder auch Andy Brehme! Warum? Gibt es Spiele, du kannst verlieren auch .... Qua! Qua-qua-quatsch! Die Leute immer in die Rücken. Letzte Jahre war so egal. Vor zwei Jahre war egal. Oh! .... Müssen fertig diese Situatione! Ich habe die Welt, die Spieler trainieren! Ich habe die Beispiele jetzt gesagt. Es gibt die große Mannschaft wie Bayern, wie Chelsea, wie Milan. Die große Mannschaft hat die große Trainer. Trainer! .... Wir haben zweite Hälfte verloren! Verlieren d-d-d-die Kondition, d-d-d-die Psychologie! .... Verlieren müssen wir. (...) Warum andere Länder trainieren unterschied. Warum? Warum? Müssen passe den Ball, schnell! In de Enge. In de Diagonale. Schnell! Vielleicht die Gegner Beine zurück. Du geh Zweikampf. Ist keine Platz. Aber hier Zweikampf. (...) Dann sprechen über Sturm! ....

Zwischen 1938 und 1942 sind einige Österreicher ins deutsche Nationalteam berufen worden. Die Namen der Klubs sind hier so angegeben wie damals üblich.

•••

Name Franz Binder Klub Rapid Einsätze 9 .... Tore 10
Name Karl Decker Klub Vienna Einsätze 8 .... Tore 8
Name Ludwig Durek Klub FC Wien Einsätze 6 .... Tore 2
Name Wilhelm Fitz Klub Rapid Einsätze 1 .... Tore 0
Name Willy Hahnemann Klub Admira Einsätze 23 .... Tore 16
Name Franz Hanreiter Klub Admira Einsätze 7 .... Tore 0
Name Franz Hofer Klub Rapid Einsätze 1 .... Tore 0
Name Hans Hofstätter Klub Rapid Einsätze 1 .... Tore 0
Name Franz Jelinek Klub Sportklub Einsätze 1 .... Tore 0
Name Mathias Kaburek Klub Rapid Einsätze 1 .... Tore 0
Name Otto Marischka Klub Admira Einsätze 1 .... Tore 0
Name Alexander Martinek Klub Wacker Einsätze 1 .... Tore 0
Name Max Merkel Klub Sportklub Einsätze 1 .... Tore 0
Name Hans Mock Klub Austria Einsätze 5 .... Tore 0
Name Leopold Neumer Klub Austria Einsätze 1 .... Tore 0
Name Josef Pekarek Klub Wacker Einsätze 1 .... Tore 0
Name Hans Pesser Klub Rapid Einsätze 12 .... Tore 2
Name Peter Platzer Klub Admira Einsätze 2 .... Tore 0
Name Rudi Raftl Klub Rapid Einsätze 6 .... Tore 0
Name Ernst Reitermaier Klub Wacker Einsätze 1 .... Tore 0
Name Franz Riegler Klub Austria Einsätze 2 .... Tore 0
Name Ernst Sabeditsch Klub Vienna Einsätze 1 .... Tore 0
Name Willibald Schmaus Klub Vienna Einsätze 10 .... Tore 0
Name Karl Sesta Klub Austria Einsätze 3 .... Tore 0
Name Stefan Skoumal Klub Rapid Einsätze 3 .... Tore 0
Name Pepi Stroh Klub Austria Einsätze 4 .... Tore 1
Name Johann Urbanek Klub Admira Einsätze 1 .... Tore 0
Name Franz Wagner Klub Rapid Einsätze 3 .... Tore 0

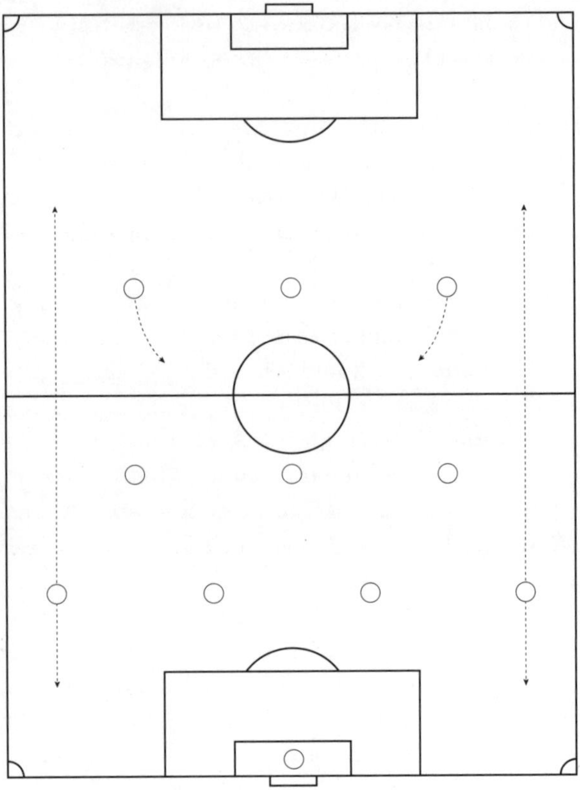

Mit der Variation verschiedener Systeme, einer 4-3-1-2/4-3-3-Kombination im Angriff und einem 4-4-2 in der Verteidigung gewann Frankreich die Weltmeisterschaft 1998. Drei schnelle Angreifer zogen sich je nach Spielsituation ins Mittelfeld oder sogar bis in die Abwehr zurück. Die Außenverteidiger nutzten die gesamte Länge des Feldes für ihre Vorstöße. Jeder Spieler besaß hohe technische Fähigkeiten, große Schnelligkeit und taktisches Verständnis. Schwächen hatte die Mannschaft lediglich im Abschluss (was nicht am System lag), zum Titelgewinn gegen Brasilien (3:0) reichte es dennoch.

• AUS DEM OV •

Der bulgarische Kader bei der WM 1994 in den USA.

Mikhailov • Ivanov • Tzvetanov • Yankov • Letchkov • Borimirov Balakov • Yordanov • Popov • Stoitchkov • Kiriakov • Todorov Sirakov • Alexandrov • Kostadinov ....

Außerdem dabei: Die ev-Gruppe mit Kremenliev, Hubtchev und Guentchev sowie Mihtarski, von dem man annehmen muss, dass er in dieser Mannschaft eher Außenseiter war.

• TREFFENDE TORHÜTER •

Rogério Ceni .... **Verein** FC São Paulo **Land** Brasilien

Elfmetertore 36 **Feldtore** 49 .... **Tore** 85

José Luis Chilavert .... **Verein** Vélez Sarsfield **Land** Paraguay

Elfmetertore 45 **Feldtore** 17 .... **Tore** 62

René Higuita .... **Verein** CD Aucas Quito **Land** Kolumbien

Elfmetertore 37 **Feldtore** 4 .... **Tore** 41

Jorge Campos .... **Verein** FC Puebla **Land** Mexiko

Elfmetertore 9 **Feldtore** 31 .... **Tore** 40

Dimitar Ivankov .... **Verein** Levski Sofia **Land** Bulgarien

Elfmetertore 34 **Feldtore** 0 .... **Tore** 34

Hans-Jörg Butt .... **Verein** FC Bayern München **Land** Deutschland

Elfmetertore 32 **Feldtore** 0 .... **Tore** 32

Marco Antonio Cornez .... **Verein** Deportes Iquique **Land** Chile

Elfmetertore 24 **Feldtore** 0 .... **Tore** 24

• WEITE REISE II •

Größte Distanz im Europapokal der Pokalsieger.

1994/95 .... 5.269 **km**

IB Keflavik **Island** vs. Maccabi Tel Aviv **Israel** ....

Es gehört zu den Aufgaben der Stadionregie, nach Toren ein Lied einzuspielen. Lange war es das immergleiche Lied nach jedem Tor; seit einigen Jahren werden jedoch einzelne Spieler mit einem eigenen Lied geehrt. Beim Hamburger SV hat man dieses Prinzip in der Saison 2006/07 auf die Spitze getrieben und für jeden – wirklich jeden – Spieler einen eigenen Torsong bereitgestellt.

Stefan Wächter .... Whiskey In The Jar • Thin Lizzy
Sascha Kirschstein .... Maria (I Like It Loud) • Scooter
Thimothee Atouba .... Switch • Will Smith
Guy Demel .... Football's Coming Home • Lighting Seeds
Bastian Reinhardt .... Augen auf • Oomph!
Joris Mathijsen .... Live Is Life • Opus
Vincent Kompany .... P.I.M.P. • 50 cent
Raphael Wicky .... Hey, Hey Wicky • Bläck Föös
Mehdi Mahdavikia .... Meeeeeeehdi • von der Kurve gesungen
Markus Karl .... Ding • Seeed
Collin Benjamin .... In Da Club • 50 cent
Mario Fillinger .... Der Picknicker • Die Fantastischen 4
David Jarolim .... Sladke Mameni • H. Vondrackova
Benny Feilhaber .... Eye Of The Tiger • Survivor
Piotr Trochowski .... Maria • Ricky Martin *oder* Gasolina • Daddy Yankee
Juan Pablo Sorín ..... Mi perro dinamita • Patricio Rey y sus Redonditos de Ricota
René Klingbeil .... Sonderzug nach Pankow • Udo Lindenberg
Alexander Laas .... Hier kommt Alex • Die Toten Hosen
Nigel de Jong .... Crazy • Gnarls Barkley
Oliver Hampel .... Heimspiel • Revolverheld
Rafael van der Vaart .... Hit The Road Jack • Ray Charles
Benny Lauth .... Let's Get Loud • Jennifer Lopez
Boubacar Sanogo .... I Will Survive • Gloria Gaynor
Besart Berisha .... It's My Life • Bon Jovi
Danijel Ljuboja .... Men In Black • Will Smith
Paolo Guerrero .... What You Know • T.I.

• KRANKENAKTE •

Die vielen Verletzungen des Sebastian Deisler.

September 1998 *Kreuzbandanriss/Meniskusriss (rechts), Operation* ....

November 1998 *Meniskusriss (rechts)* ....

August 1999 *Achillessehnenverletzung* ....

Dezember 1999 *Kreuzbandriss/Meniskusschaden (rechts), Operation* ....

März 2000 *Leistenoperation wegen Beckenschiefstands* ....

Oktober 2001 *Luxation, Kapselriss, Verrenkung der Patellasehne im rechten Knie, Operation, Fixierung der Kniescheibe* ....

Mai 2002 *Knorpelschaden, Kniescheibe verletzt rechtes Knie, Operation* ....

November 2003 *Zehnwöchiger Klinikaufenthalt wegen einer Depression* ....

Oktober 2004 *Rückfall in die Depression* ....

März 2006 *Knorpelabsprengung im rechten Knie, Operation* ....

Dazwischen zahlreiche weitere kleinere Verletzungen wie Innenbanddehnungen (April 1999 und November 1999), muskuläre Probleme, Blutergüsse, Adduktorenbeschwerden und Muskelfaserrisse (August 1999, Februar 2001, September 2003, Dezember 2003 – jeweils im Oberschenkel). Am 16. Januar 2007 gab Sebastian Deisler sein Karriereende bekannt. Ein Jahr darauf begann er eine Ausbildung zum Physiotherapeuten.

• DAVID BECKHAM UND MUSIK •

Zur Melodie von „Winter Wonderland". Zu hören auf den Rängen des Home Depot Center, Los Angeles.

„There's only one David Beckham – One David Beckham – Wearing a thong – Headscarf and sarong – Walking round with women's knickers on ....

In the daytime, you can wear a g-string – Make pretend that you are Baby Spice – But if the neighbours catch you in your panties – They'll say *Beckham is a f**king transvestite* ....

Later on if you wanna – You can dress like Madonna – You can look like your ma – A big superstar – Walking in a woman's wonderbra."

KLUBS VON DER INSEL

SC Bastia zweite französische Liga .... Korsika
Cagliari Calcio erste italienische Liga .... Sardinien
FC Dänschendorf von 1958 Kreisklasse D-Nord .... Fehmarn
OFI Heraklion erste griechische Liga .... Kreta
RCD Mallorca erste spanische Liga .... Mallorca
FC Messina zweite italienische Liga .... Sizilien
TUS Norderney Kreisleistungsklasse Staffel I, Kreis Aurich .... Norderney
TSV Nordstrand von 1903 e.V. Kreisklasse B-Süd Nordfriesland Nordstrand
US Città di Palermo erste italienische Liga .... Sizilien
Consadole Sapporo erste japanische Liga .... Hokkaido
Team Sylt 2002 Kreisliga Nordfriesland .... Sylt
CD Tenerife erste spanische Liga .... Teneriffa
Tokushima VORTIS zweite japanische Liga .... Shikoku
Oita Trinita erste japanische Liga .... Kyushu
FSV Wyk-Foehr Kreisliga Nordfriesland .... Föhr

UEFA-CUP

Dem Schweizer Sportfunktionär Ernst B. Thommen kam Mitte der Fünfzigerjahre die Idee, einen Wettbewerb für Auswahlteams aus Städten zu veranstalten. Der spätere Fifa-Chef Stanley Rous fand die Idee gut und schlug – warum auch immer – eine Verfeinerung vor: Es sollten nur Messestädte teilnehmen dürfen. So kam es, und der Wettbewerb hieß Messepokal. Er erstreckte sich über drei Jahre, allerdings nahmen auch Klubteams teil. Ab 1960 fand der Wettbewerb jedes Jahr statt, ab 1963 spielten ausschließlich Klubteams mit. Noch immer herrschte jedoch Verwirrung: Manche Länder meldeten Klubs aus Messestädten, andere meldeten Klubs, die in der Tabelle vorne gelandet waren. 1971 übernahm der europäische Fußballverband Uefa die Kontrolle, seitdem hieß der Wettbewerb Uefa-Cup. Im Jahr 2009 wurde er durch die Europa League ersetzt ....

PRO-KOPF-GELD DER NATIONALSPIELER

Der Festlegung der WM-Prämien geht traditionell ein mal mehr, mal weniger zähes Ringen zwischen den Spielern und dem Deutschen Fußball-Bund (DFB) voraus.

•••

WM 2006 Für das Erreichen des Halbfinales .... 100.000 Euro

•••

WM 2002 Für den Finaleinzug .... 71.600 Euro

Sowie für die erfolgreiche Qualifikation 128.000 Euro ....

•••

WM 1998 Für das Erreichen des Viertelfinales .... 65.000 DM

•••

WM 1994 Für das Erreichen des Viertelfinales .... 35.000 DM

•••

WM 1990 Für den Titelgewinn .... 125.000 DM

•••

WM 1986 Für das Erreichen des Finales .... 70.000 DM

•••

WM 1974 Für den Titelgewinn .... 70.000 DM

Sowie einen VW Käfer ....

•••

WM 1954 Für den Titelgewinn .... 2.500 DM

Sowie ein S/W-Fernsehgerät und eine Waschmaschine ....

REGELKUNDE VI

Offizielle Fifa-Regeln, aus Regel 3 (Zahl der Spieler).

In jedem Spiel, das im Rahmen eines offiziellen Wettbewerbs unter der Fifa, den Konföderationen oder den Mitgliedern stattfindet, dürfen bis zu drei Spieler ausgewechselt werden ....
In den Wettbewerbsbestimmungen wird festgelegt, wie viele Auswechselspieler pro Mannschaft gemeldet werden können: drei bis höchstens sieben ....

Name	Einsätze	Vereine	Zeitraum
Willi Arlt	11	SV Riesa	1939–1942
Willy Ascherl	1	SpVgg Fürth	1924
Willy Baumgärtner	4	SV 04 Düsseldorf	1908–1909
Willi Billmann	11	1. FC Nürnberg	1937–1941
Wilhelm Blunk	1	Hamburger SV	1929
Willy Busch	13	Duisburg 99	1933–1936
Wilhelm Falk	1	Wacker München	1927
Willy Fick	1	Holstein Kiel	1910
Willy Fitz	1	Rapid Wien	1942
Willi Fricke	1	Arminia Hannover	1935
Willi Gerdau	1	Herder SV	1957
Willi Giesemann	14	Bayern München, HSV	1960–1965
Wilhelm Gros	1	Karlsruher FV	1912
Wilhelm Hahnemann	23	Admira Wien	1938–1941
Wilfried Hannes	8	Borussia M'gladbach	1981–1982
William Hartwig	2	Hamburger SV	1979
Willi Hutter	2	SV Waldhof, SV Saar 05	1921–1936
Willy Jürissen	6	RW Oberhausen, Fort. D'dorf	1935–1939
Willi Kirsei	1	Hertha BSC Berlin	1924
Willi Knesebeck	2	Viktoria 89 Berlin	1911–1912
Willi Köchling	1	Rot-Weiß Essen	1956
Willi Koslowski	3	FC Schalke 04	1962
Willy Krauß	2	Carl Zeiss Jena	1911–1912
Willibald Kreß	16	RW Frankfurt, Dresdner SC	1929–1934
Willi Kund	2	1. FC Nürnberg	1930–1931
Willy Lindner	1	Eintracht Frankfurt	1933
Willi Neuberger	2	Borussia Dortmund	1968
Willy Reitgaßl	1	Karlsruher SC	1960
Willi Rutz	1	VfB Stuttgart	1932
Willibald Schmaus	10	Vienna Wien	1938–1942

Willi Schröder	12	Bremen 1860, Werder Bremen	1951–1957
Willi Schulz	66	FC Schalke 04, HSV	1959–1970
Willy Schwedler	1	VfB Pankow	1921
Wilhelm Simetsreiter	8	FC Bayern München	1935–1937
Wilhelm Sold	12	1. FC Nürnberg	1935–1942
Wilhelm Straßburger	2	Duisburger SV	1930
Wilhelm Sturm	1	Borussia Dortmund	1964
Willy Tänzer	1	Berliner SC	1908
Willi Tiefel	7	Eintracht Frankfurt	1929
Willi Völker	1	Hertha BSC Berlin	1938–1942
Willy Völker	1	VfB Leipzig	1914
Willi Wigold	4	Fortuna Düsseldorf	1932–1934
Ernst Willimowski	8	PSV Chemnitz, 1860 München	1941–1942
Willy Worpitzky	9	Viktoria 89 Berlin	1909–1912

AUFWÄRMEN OHNE BALL

Gesamtdauer: 8 Minuten.

Vordehnen .... 0,5 min
Lockeres Traben .... 1 min
Dehnen der unteren Extremitäten .... 1 min
Temposteigerungsläufe .... 0,5 min
Dehnen des Rumpf- und Schulterbereiches .... 0,5 min
Kurze Sprints .... 0,5 min
Sprünge, Seitgalopp, Überkreuzungen .... 0,5 min
Ein- und beidbeinige Sprünge, Kopfballsprünge .... 0,5 min
Lockerer Lauf mit schnellen Drehungen .... 0,5 min
Kniehebeläufe mit Pausen .... 0,5 min
Anfersen mit Pausen .... 0,5 min
Dehnen von Adduktoren, Abduktoren, Quadrizeps .... 1 min
Skippings mit hoher Frequenz .... 0,5 min

Der Bus ist immer dabei, selbst bei Auswärtsspielen, zu denen die Mannschaft mit dem Flugzeug anreist. 2006/07 boten folgende Modelle einige Meter Heimat in der Fremde.

FC Bayern München **Fahrer** Sandra König, Peter Reiß **Modell** Mercedes Typ Travego 17 RHD **Leistung** 476 PS **Länge** .... **13,85 m**

•••

SV Werder Bremen **Fahrer** Horst Kück **Modell** Setra S 215 HD **Leistung** 381 PS **Länge** .... **12,00 m**

•••

Hamburger SV **Fahrer** Jürgen Ahlert **Modell** Mercedes Typ Travego 17 RHD **Leistung** 476 PS **Länge** .... **13,85 m**

•••

FC Schalke 04 **Fahrer** Lars Laser **Modell** Mercedes Typ Travego 15 RHD **Leistung** 422 PS **Länge** .... **12,00 m**

•••

Bayer 04 Leverkusen **Fahrer** Günter Uhlhaas, Günter Thiel **Modell** Setra S 415 GT-HD **Leistung** 354 PS **Länge** .... **12,20 m**

•••

Hertha BSC Berlin **Fahrer** Oliver Kühnemann, Andreas Timm **Modell** Mercedes Typ Travego 15 RHD **Leistung** 422 PS **Länge** .... **12,00 m**

•••

Borussia Dortmund **Fahrer** Udo Rottke **Modell** MAN Lion's Star **Leistung** 460 PS **Länge** .... **12,00 m**

•••

1. FC Nürnberg **Fahrer** Udo Rauh **Modell** MAN Lion's Star L **Leistung** 410 PS **Länge** .... **13,80 m**

•••

VfB Stuttgart **Fahrer** Rolf Geissler **Modell** Mercedes Typ Travego M **Leistung** 476 PS **Länge** .... **13,85 m**

•••

Borussia Mönchengladbach **Fahrer** Markus Breuer **Modell** Mercedes Typ Travego 15 RHD **Leistung** 422 PS **Länge** .... **12,00 m**

FSV Mainz 05 **Fahrer** Matthias Bauer, Nico Bauer, Rita Bauer **Modell** Irisbus Iliade GTX **Leistung** 362 PS **Länge** .... **11,99** m

•••

Hannover 96 **Fahrer** Carsten Wolf, Willi Fischer **Modell** Mercedes Typ Travego 17 RHD **Leistung** 476 PS **Länge** .... **13,85** m

•••

Arminia Bielefeld **Fahrer** Dirk Westerhold, Udo Nolteernsting **Modell** Volvo 9900 **Leistung** 420 PS **Länge** .... **13,70** m

•••

Eintracht Frankfurt **Fahrer** Rainer Lorch **Modell** Mercedes Typ Travego 15 RHD **Leistung** 422 PS **Länge** .... **12,00** m

•••

VfL Wolfsburg **Fahrer** Guido Vicinotti **Modell** Scania Irizar PB **Leistung** 420 PS **Länge** .... **12,92** m

•••

VfL Bochum **Fahrer** Johannes-Gerd Overhoff sen. und Johannes-Gerd Overhoff jun. **Modell** Setra S 416 HDH **Leistung** 422 PS **Länge** .... **12,99** m

•••

Alemannia Aachen **Fahrer** Klaus Kupferschläger und Albert Thielen **Modell** Mercedes Typ Travego 15 RH **Leistung** 408 PS **Länge** .... **12,00** m

•••

Energie Cottbus **Fahrer** Jürgen Langermann **Modell** Mercedes Typ Travego 15 RHD **Leistung** 354 PS **Länge** .... **12,00** m

• REGELKUNDE VII •

Offizielle Fifa-Regeln, Regel 4 (Ausrüstung der Spieler).

Schienbeinschützer müssen von Strümpfen vollständig bedeckt sein, müssen aus einem geeigneten Material bestehen (Gummi, Plastik oder ähnliche Materialien), müssen einen angemessenen Schutz vor Verletzungen bieten ....

• VEREINSNAMEN •

Borussia Lateinischer Name für Preußen; polnisch Prusy; russisch Prussija. Weibliche Gestalt als Sinnbild Preußens. Name von Studentenverbindungen. Bekannte Träger: Borussia Dortmund, Borussia Mönchengladbach, Tennis Borussia Berlin ....

Alemannia Name von Studentenverbindungen. Name des Asteroids 418. Bekannter Träger: Alemannia Aachen ....

Germania Lateinischer Name für Siedlungsgebiet der Germanen. Name des Asteroids 241. Name von Studentenverbindungen. Bekannter Träger: Germania Berlin ....

Fortuna Lateinisch für Glück, Schicksal. Römische Göttin des Glücks. Name des Asteroids 19. Bekannte Träger: Fortuna Düsseldorf, Fortuna Köln ....

Arminia Von lateinisch Arminius (Hermann). Nicht: Name eines Asteroids. Bekannter Träger: Arminia Bielefeld ....

Concordia Lateinisch für Eintracht, Zusammenhalt. Name des Asteroids 58. Bekannte Träger: Eintracht Frankfurt, Eintracht Trier, Eintracht Braunschweig, Concordia Hamburg ....

Nürnberg Name des Asteroids 3825. Sitz der Studentenverbindung Alemannia. Bekannter Träger: 1. FC Nürnberg ....

Victoria Lateinisch für Sieg. Römische Göttin des Sieges. Versicherungsgruppe. Name des Asteroids 12. Bekannte Träger: Viktoria Aschaffenburg, SC Victoria 1914 Templin, Viktoria Köln ....

Hertha Weiblicher Vorname. Früher wurde vermutet, es handle sich um den Namen einer germanischen Göttin mit Heiligtum auf Rügen. Name des Asteroids 135. Bekannte Träger: Herta Heuwer, Erfinderin der Berliner Currywurst, Hertha BSC Berlin ....

• ES GIBT KEINE KLEINEN MEHR VIII •

Malediven Versuchten sich 1998, 2002, 2006, 2010 in der WM-Qualifikation. 4 Siege, 16 Niederlagen, 1 Unentschieden. Tore 26:97 ....

• ENGLAND SCHIESST ELFMETER •

04. Juli 1990 Deutschland vs. England • WM-Halbfinale .... 5:4 n.E.
22. Juni 1996 England vs. Spanien • EM-Viertelfinale .... 4:2 n.E.
26. Juni 1996 Deutschland vs. England • EM-Halbfinale .... 7:6 n.E.
30. Juni 1998 Argentinien vs. England • WM-Achtelfinale .... 6:5 n.E.
24. Juni 2004 Portugal vs. England • EM-Viertelfinale .... 6:5 n.E.
01. Juli 2006 Portugal vs. England • WM-Viertelfinale .... 3:1 n.E.

• DIE AJAX-SCHULE •

Der niederländische Fußball ist ohne das umfassende Ausbildungssystem von Ajax Amsterdam kaum mehr vorstellbar. Das System funktioniert so: Scouts sichten Jungen im Alter zwischen sieben und zwölf Jahren. Die Besten werden getestet, und zwar auf Technik, Intelligenz, Persönlichkeit und Schnelligkeit. Schließlich werden einige Spieler ausgesucht, die fortan an der Akademie von Ajax trainieren dürfen. Es handelt sich nicht um ein Internat, das ist dem Klub wichtig; die Spieler wohnen zu Hause und werden in höheren Altersklassen mit dem Bus abgeholt. Es wird gemeinsam gegessen, dann werden die Hausaufgaben erledigt, ein Privatlehrer passt auf und hilft. Schließlich geht es auf den Platz. Alle Mannschaften lernen von klein auf das gleiche Spielsystem, ein 4-3-3. Ziel der Ausbildung ist es, dass jeder Spieler technisch versiert ist und kreativ ins Geschehen eingreifen kann; außerdem wird konsequent Angriffsfußball gespielt. Idealerweise schaffen ein bis zwei der jungen Spieler den Sprung in die erste Mannschaft von Ajax. Diejenigen, die es nicht schaffen, sind dennoch so gut ausgebildet, dass viele bei einem anderen Klub einen Platz als Berufsfußballer finden. Zur langen Liste der bekannten Absolventen der Ajax-Schule zählen – um nur einige wenige zu nennen – Frank Rijkaard, Marco van Basten, Dennis Bergkamp, Edgar Davids und aus den jüngeren Jahrgängen Rafael van der Vaart und Wesley Sneijder .....

Presidente Hayes • Paraguay Presidente Hayes ist einer von 18 Verwaltungsbezirken Paraguays. Das Departamento ist benannt nach dem US-Präsidenten Rutherford B. Hayes, der nach dem Tripelallianz-Krieg mit Argentinien, Brasilien und Uruguay einen Grenzstreit zwischen Paraguay und Argentinien schlichtete – zu Gunsten Paraguays. Der Verein Presidente Hayes wurde 1907 in der Hauptstadt Asunción, die ein eigener Bezirk ist, gegründet und spielt in der Primera de Ascenso eher eine Nebenrolle ....

FC Prince Louis • Burundi Der Verein ist benannt nach dem Prinzen Louis Rwagasore, Sohn von König Mwambutsa IV. und Angehöriger der Tutsi. Er war 1961 gerade Ministerpräsident geworden, als ihn ein Killer im Auftrag der belgien- und kirchenfreundlichen Christdemokratischen Partei ermordete. Der Mord stand am Ende einer komplexen Auseinandersetzung, die bereits mit der belgischen Kolonialisierung begann und mit Rwagasores Forderung nach Unabhängigkeit auf dem Höhepunkt stand. Er gründete die Union for Political Progress (Uprona). Dem hierzulande bekannteren Patrice Lumumba aus dem Kongo, gleichfalls ermordet, stand er nahe. Prince Louis zu Ehren heißt der Verein, wie er heißt. Der 13. Oktober ist bis heute Rwagasore-Tag: der „Tag des Heldenmords".

Club de Regatas Vasco da Gama • Brasilien Viele brasilianische Fußballvereine heißen „Regattaverein". Das kommt daher, dass viele der heutigen Fußballvereine als Ruderklubs gegründet wurden. Dieser 1898. Vasco da Gama ist der Name des berühmten portugiesischen Seefahrers – zu einem Ruderklub schien das zu passen. Dann wechselte der Sport, der Name aber blieb. Heute schmückt sich der Verein aus Rio de Janeiro mit dem Weltrekord seines Torhüters Geraldo Pereira de Matos Filho, genannt Mazarópi, der am längsten in Erstligapartien ohne Gegentor blieb: 21 Spiele lang. Ebenfalls schmückend: Stars wie Edmundo, Bebeto und Romário beschäftigt zu haben. Und Roseli. Roseli de Belo war eine der besten

Stürmerinnen der Welt und spielte bei C.R. Vasco da Gama im genauso erfolgreichen Frauenteam ....

Willem II Tilburg • Niederlande 1896 hatte der Student Gerard de Ruiter endlich eine Mannschaft zusammen. Er hatte von diesem Spiel gehört, Fußball, das in Nordbrabant noch keiner kannte, aber im August hatte er elf Männer im Café Marinus versammelt, und der Club Tilburgia wurde gegründet. Am 12. Januar 1898 wurde der Verein umgetauft in Willem II. Als Erinnerung und Ehrung: Willem II. (1792–1849) war Tilburg stets treu geblieben. Als Prinz von Oranje und späterer König der Niederlande hatte er seinen Hofstaat in Tilburg aufgeschlagen, auch als es darum ging, den belgischen Aufstand niederzuschlagen. „Hier kann ich frei atmen", sagte er über die Stadt, unterstützte ihren Status als Wollproduktionsstandort auch finanziell und blieb in Tilburg bis zu seinem Tod. Willem II spielt in der ersten niederländischen Liga, der Ehrendivision, und steht in der ewigen nationalen Rangliste auf Platz acht. Unter anderem spielten dort Geert de Vlieger, Marc Overmars, Jaap Stam und Joris Mathijsen ....

• BUNDESTRAINER VOR JOACHIM LÖW •

Name	Dienstzeit	Spiele	S	U	N
Otto Nerz	1930–1936	70	42	10	18
Sepp Herberger	1936–1964	162	92	26	44
Helmut Schön	1964–1978	139	87	30	22
Jupp Derwall	1978–1984	67	45	11	11
Franz Beckenbauer ...	1984–1990	66	36	17	13
Berti Vogts	1990–1998	102	67	23	12
Erich Ribbeck	1998–2000	24	10	6	8
Rudi Völler	2000–2004	53	29	11	13
Jürgen Klinsmann	2004–2006	34	21	7	6

• SCHIRI, WIR WISSEN, WAS DEIN TRIKOT KANN •

Wie die Spieler tragen auch die Schiedsrichter Trikots. Meist tragen sie Kleidung der Marke Adidas, die natürlich nicht einfach Kleidung ist, sondern etwas, das in herrlich lächerlichen und überfrachteten Begriffen beschrieben wird. Bemerkenswert erscheint die Tatsache, dass die Schiedsrichterbekleidung auch in der Größe XXL erhältlich ist.

.... *Referee-Trikot* ....

Offizielles Schiedsrichtertrikot aus ClimaCool für optimalen Feuchtigkeitstransport sowie ForMotion; zusätzliche Mesh-Einsätze und RV im oberen Brustbereich sorgen für zusätzliche Ventilation sowie verbesserten Tragekomfort ....

Material: *100% Polyester* • Farben: *rot, gelb, dark onix* • Ausführung: *Kurz- oder Langarm* • Größen: *S, M, L, XL, XXL* • Preis: *49,95 Euro* ....

.... *Referee-Short* ....

Short aus ClimaCool für besten Feuchtigkeitstransport sowie ForMotion; seitliche Eingriffstaschen und Gesäßtasche; selbstverständlich passend zum offiziellen Schiedsrichtertrikot ....

Material: *100% Polyester* • Farbe: *schwarz* • Größen: *S, M, L, XL, XXL* • Preis: *35,95 Euro* ....

.... *Referee-Strümpfe* ....

New Santos Schiedsrichterstrümpfe, Verstärkung im Mittelfuß- und Knöchelbereich.

Material: *97% Polyamid, 3% Elastan* • Farbe: *dark onix* • Größen: *2=37–39, 3=40–42, 4=43–45, 5=46–48* • Preis: *6,95 Euro* ....

• ES GIBT KEINE KLEINEN MEHR IX •

Luxemburg Versucht sich seit 1934 in der WM-Qualifikation. 3 Siege, 109 Niederlagen, 4 Unentschieden. Torverhältnis 54:381 ....

Auch traurig: Luxemburg verlor zwischen 1973 und 1989 32 Spiele hintereinander. Erst mit einem 1:1 gegen die Türkei fand die Serie ihr Ende.

• Platzverweis (rote Karte) •
Ermahnung (gelbe Karte)

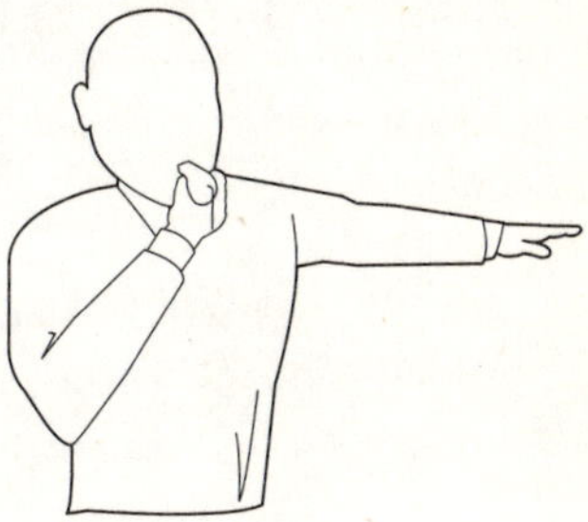

• Tor •

• Eckstoß •

• Indirekter Freistoß •

• 1990, WM Italien, Reporter Erich Laaser •

Es hält da unten niemand mehr auf der deutschen Bank.
Alle sind aufgesprungen. Beckenbauer steht. Ganz erstarrt. Neben ihm Holger Osieck. Professor Hess hat auf die Uhr geschaut, hat gezeigt, es muss gleich Schluss sein. Da unten feiern sie schon ein bisschen. Die Ersatzspieler schauen zu, was die deutsche Mannschaft macht. Nur jetzt keinen Fehler begehen.
Und dann pfeift er ab.
Er pfeift ab.
Das Spiel ist aus …
Das kann nicht wahr sein:
Er hat einen Freistoß gesehen.
Das kann überhaupt nicht wahr sein,
es ist vor der Zeit, und es ist noch einiges nachzuspielen.
Natürlich war Riesenjubel im Stadion. Jeder dachte, das sei es gewesen.
Aber das war's noch nicht. Einwurf für die deutsche Mannschaft. Was kostet das jetzt Nerven da unten? Jürgen Kohler kann's kaum aushalten, greift sich immer an den Kopf. Sagt: abpfeifen. Berthold ausgewechselt, springt hoch. Der Teamchef: mit stoischer Ruhe, aber innen kocht es, innen brodelt es. Er steht vor dem großen Triumph, als Teamchef hier Weltmeister zu werden, in seinem letzten, in seinem 66. Spiel. 66 in Wembley war er dabei als Spieler, da hat's nicht gereicht, aber 74 war er Weltmeister als Spieler und 1990 wird er Weltmeister als Teamchef werden.
Alles schaut zu Codesal Mendez.
Wann pfeift er ab?
Jetzt schaut er wieder auf die Uhr. Weiter Abschlag von Bodo Illgner. Noch einmal nach vorne. Zu Rudi Völler. Mit langen Schritten geht er heran, der Hanauer. „Rudi Rudi"-Rufe hier im weiten Rund. Pierre Littbarski. Noch mal gefoult. Der Schiedsrichter lässt Vorteil gelten: Litti hat den Ball immer noch. In der Mitte wartet Rudi Völler. Immer noch der dreißigjährige Kölner bei seiner dritten WM. Er stand im Finale 82, es hat nicht gereicht. 86 musste er von draußen zuschauen. Und hier heute abend in Rom ist er Weltmeister. Deutschland ist Fußballweltmeister. Am Abend des achten Juli um 21 Uhr 50 ist die deutsche Mannschaft Fußballweltmeister in Italien geworden.

• 1974, WM Deutschland, Reporter Oskar Klose •

Die neunzig Minuten von
München sind schon zu Ende. Schiedsrichter Taylor
schaut auf die Uhr. Deutschland steht kurz vor dem Gewinn der
Weltmeisterschaft. Wer hätte das für möglich gehalten? Jetzt müssen sie noch
einmal alle Kräfte zusammennehmen und den Ball halten. Müller kriegt ihn
vom Freistoß, fällt zu Boden. Und das Spiel ist aus!
Das Spiel ist aus.

• 1954, WM Schweiz, Reporter Herbert Zimmermann •

Deutschland führt 3:2
im Endspiel der Fußballweltmeisterschaft.
Aber es droht Gefahr: die Ungarn auf dem rechten Flügel.
Jetzt hat Fritz Walter den Ball über die Außenlinie ins Aus geschlagen.
Wer will ihm das verdenken? Die Ungarn erhalten einen Einwurf
zugesprochen. Der ist ausgeführt, kommt zu Bozsik.
Aus! Aus! Aus! Aus! Das Spiel ist aus!
Deutschland ist Weltmeister,
schlägt Ungarn mit drei
zu zwei Toren im
Finale in Bern.

• IN DER BUNDESLIGA NUR ZU BESUCH •

Verein	Saison	Spiele	S	U	N	T	P
SSV Ulm 1846	1999/00	34	9	8	17	36:62	35
VfB Leipzig	1993/94	34	3	11	20	32:69	20
Blau-Weiß 90 Berlin	1986/87	34	3	12	19	36:76	21
Fortuna Köln	1973/74	34	8	9	17	46:79	33
Tasmania 1900 Berlin	1965/66	34	2	4	28	15:108	10
Preußen Münster	1963/64	30	7	9	14	34:52	30

ÜBLICHE FUSSBALLWÄHLMÜNZEN

Wählmünze aus goldfarbenem Metall 30 mm Durchmesser, 3 mm stark. Vorne Ball für Anstoß, hinten Spielfeld für Seitenwahl ....
Wählmarke aus Polyvinylchlorid (PVC) vorne gelb, hinten schwarz, schwer verwüstlich ....

WIR SIND NUR EIN KARNEVALSVEREIN? II

FSV Mainz 05, gegründet 16. März 1905.
Örtliche Konkurrenz (Auswahl) C.C. „Rote Husaren" Kostheim 1952 e.V. • Carneval Club Budenheim 1925 e.V. • Carneval Club Weisenau 1948 e.V. – Burggrafengarde • Carneval Verein Entenbrüder 1900 e.V. • Carneval Verein Kleppergarde Gonsenheim 1877 e.V. • Carnevalverein „Eiskalte Brüder" Mainz-Gonsenheim • Carnevalverein Schwarze Gesellen Laubenheim e.V. • Finther Carneval Verein • Gonsenheimer Carneval Verein 1892 e.V. • Gustavsburger Carneval Club 1947 e.V. • Interessengemeinschaft Mittelrheinischer Carneval • KCK Karneval Club Kastel e.V. • Kostheimer Carneval-Verein 1923 e.V. • LCC Lörzweiler Carneval Club 1949 e.V. • Mainzer Carneval Gesellschaft 1957 e.V. • Mainzer Carneval Verein 1838 e.V. • Mainzer Carneval-Club e.V. • Mombacher Carneval Gesellschaft „Maletengarde" 1953 e.V. • Mombacher Carneval Verein „Die Bohnebeitel" e.V. ....

FUSSBALLGUCKEN UND DIE FOLGEN

1 Flasche Bier 0,33 Liter .... 140 Kalorien
1 Tüte Kartoffelchips 150 g .... 800 Kalorien
1 Frikadellen-Brötchen .... 440 Kalorien
1 Dose Erdnüsse 100 g .... 580 Kalorien
1 Portion Pommes mit Bratwurst .... 890 Kalorien
1 Pizza 500 g .... 1.500 Kalorien

AUSGEDIENT

Der Vorgänger des seltsamen Bären Berni als Maskottchen des FC Bayern München war der Bazi. Es handelte sich um eine Figur in Trikot und Lederhosen mit einem riesigen Kopf. Weil der große Kopf so schwer war, konnten die Menschen, die im Kostüm des Bazis steckten, nur sehr langsam durchs Stadion gehen, was dem Bazi inmitten des Getöses eine wunderbar melancholische Aura verlieh. Am liebsten stand er etwas versetzt hinter dem Tor. Eine Weile betrachtete er von dort das Spiel, bis er sehr langsam, jeden Schritt bedächtig auf die Tartanbahn setzend, zurück zum Spielertunnel schlenderte, in dem er verschwand ....

DIE PELÉS

Der Brasilianer Edson Arantes do Nascimento (geboren 1940), genannt Pelé, gilt als der beste Fußballer, der bisher gespielt hat. Einen ebenbürtigen Nachfolger gibt es noch nicht, doch mussten und müssen einige Sportler damit leben, dass sie sich entweder nennen wie das Idol oder in Funk und Presse nach ihm genannt werden.

Abédi Pelé u.a. Olympique Marseille, TSV 1860 München .... **Selbsternannt**

Freddy Adu Washington D.C. United .... **Der neue Pelé**

José Leandro Andrade u.a. Peñarol Montevideo .... **Der Pelé der 20er Jahre**

Nicolas Anelka u.a. Real Madrid, Fenerbahçe Istanbul .... **Der neue Pelé**

Peter Ducke FC Carl Zeiss Jena .... **Der Pelé des Ostens**

Eusébio Benfica Lissabon .... **Der Pelé Portugals**

***Giovanni* Silva de Oliveira** u.a. FC Santos, FC Barcelona .... **Der neue Pelé**

Nii Lamptey u.a. PSV Eindhoven, SpVgg Greuther Fürth .... **Der Pelé von Ghana**

Robinho FC Santos, Real Madrid .... **Der neue Pelé**

Ronaldo u.a. FC Barcelona, Inter Mailand, Real Madrid .... **Der neue Pelé**

Wayne Rooney FC Everton, Manchester United .... **Der neue Pelé**

Jens Weissflog Skiklub Oberwiesenthal .... **Der Pelé des Skispringens**

Claus-Dieter Wollitz u.a. Bayer 04 Leverkusen, Hertha BSC, 1. FC Köln ... **Pelé Wollitz**

Zico u.a. Flamengo Rio de Janeiro, Udinese Calcio, Kashima Antlers ... **Der weiße Pelé**

BOMBER DER NATION VI

Spieler	Land	Ligaspiele	Tore
Jimmy Greaves	England	516	357

FC Chelsea 1957–1960
Tottenham Hotspur 1961–1970
West Ham United 1970–1971

SINGENDE FUSSBALLER

Jonathan Akpoborie .... **Verein** VfB Stuttgart **Label** CDS Records **Jahr** 1998
Titel .... **We Will Win**

•••

Franz Beckenbauer .... **Verein** FC Bayern München **Label** Polydor **Jahr** 1966
Titel .... **Du allein – Gute Freunde kann niemand trennen**

•••

Thomas Brdaric .... **Verein** Hannover 96 **Label** Coastland **Jahr** 2003
Titel .... **Die wilde 13**

•••

Ümit Davala .... **Verein** SV Werder Bremen **Label** Istanbul Plak **Jahr** 2004
Titel .... **Bir Ask Hikayesi – Par, Para, Para**

•••

Charly Dörfel .... **Verein** Hamburger SV **Label** Polydor **Jahr** 1965
Titel .... **Das kann ich dir nicht verzeihn – Erst ein Kuss**

•••

Stefan Engels *mit Paul Steiner* .... **Verein** 1. FC Köln **Label** Soso Rec. **Jahr** 1982
Titel .... **Fußball-Show**

•••

Jimmy Hartwig .... **Verein** Hamburger SV **Label** CDS Records **Jahr** 1980
Titel .... **Mama Calypso – Sometimes**

•••

Kevin Keegan .... **Verein** Hamburger SV **Label** EMI Records **Jahr** 1979
Titel .... **Head Over Heels in Love – Move On Down**

Andi Köpke *mit TT Fresh* **Verein** 1. FC Nürnberg **Label** Jacrabet Records **Jahr** 1992
Titel .... **Nummer 1** Stadion Version **Nummer 1** Club Version

•••

Peter Közle .... **Verein** MSV Duisburg **Label** Double You G Records **Jahr** 1994
Titel .... **Sightseeing – Guten Morgen Duisburg**

•••

Erwin und Helmut Kremers ..... **Verein** FC Schalke 04 **Label** Philips **Jahr** 1974
Titel **Tanz nur mit mir, schönes Mädchen – Kein Addio, kein Goodbye**

•••

Dirk Lottner *mit Et Fussich Julchen* **Verein** 1. FC Köln **Label** Veedel Ton **Jahr** 2000
Titel **Mir sin kölsche Junge – De Sonn steht huh üvver Müngersdorf**

•••

Sepp Maier .... **Verein** FC Bayern München **Label** Polydor **Jahr** 1968
Titel **Die bayerische Loreley – Humor ist, wenn man trotzdem lacht**

•••

Gerd Müller .... **Verein** FC Bayern München **Label** Vogue Records **Jahr** 1967
Titel .... **Raba da da – Nur jetzt nicht weinen**

•••

Jay Jay Okocha .... **Verein** Eintracht Frankfurt **Label** Intercord **Jahr** 1994
Titel .... **I I Am Am J J**

•••

Jean-Marie Pfaff .... **Verein** FC Bayern München **Label** Allstar **Jahr** 1984
Titel .... **Jetzt bin ich ein Bayer**

•••

Anton Polster *mit den Fabulösen Thekenschlampen* .... **Verein** 1. FC Köln
Label Chlodwig Musik **Jahr** 1997 ....
Titel .... **Toni, lass es polstern**

•••

Petar Radenkovic .... **Verein** TSV 1860 München **Label** Decca Records **Jahr** 1966
Titel .... **Radi und Radieschen – Arbeit macht das Leben süß**

•••

Vielleicht sollte Fußball immer gespielt werden wie beim Ashbourne Royal Shrovetide Football. Das Spiel dauert acht Stunden, die Tore stehen drei Meilen auseinander, und allzu viele Regeln gibt es nicht. Gespielt wird in jedem Jahr am Faschingsdienstag (Shrove Tuesday) und am Aschermittwoch (Ash Wednesday), und das seit dem 12. Jahrhundert. Es treten zwei Mannschaften gegeneinander an, zu welchem Team man gehört, hängt davon ab, auf welcher Seite des Bachs Henmore Brook man geboren wurde. Die Anzahl der Spieler ist beliebig. Von erhöhter Position wird der korkgefüllte Lederball in die Menschenmassen geworfen, und dann beginnt ein ziemliches Gerangel. Die von südlich des Henmore wollen den Ball zur Clifton Mill treiben. Die von nördlich des Henmore haben das entgegengesetzte Ziel, sie streben der Sturston Mill zu.

Die Regeln ....

Mord und Totschlag sind verboten • Unnötige Gewalt wird abgelehnt • Privatgrund ist nicht zu überqueren • Friedhöfe und Kirchhöfe sind ebenfalls nicht zu überqueren • Der Ball darf nicht in Taschen oder Rucksäcken versteckt werden • Der Ball darf nicht in motorisierten Fahrzeugen transportiert werden • Nach Mitternacht wird nicht gespielt ....

Ein schöner Shrovetide-Tag ....

12 Uhr Rund 400 Menschen treffen sich vor dem Spiel zu einem Mittagessen und lauschen einigen Reden, und zwar im „The Green Man Royal Hotel“ **St. Johns Street, Ashbourne, Derbyshire, DE6 1GH** ....

13.50 Uhr Der Ball wird die Dig Street entlang bis zur Einwurfposition getragen. Der Einwerfer wird traditionell von einigen Spielern auf den Schultern getragen ....

14 Uhr Es wird gesungen: das schottische „Auld Lang Syne“ (auf deutsch bekannt als: „Nehmt Abschied, Brüder“) und die Nationalhymne, dann wird der Ball eingeworfen ....

17 Uhr Erzielt jemand vor 17 Uhr einen Treffer, wird ein neuer Ball eingeworfen, da der Torschütze den Ball als Erinnerungsstück behalten darf. Erzielt niemand vor 17 Uhr einen Treffer, wird weitergespielt, bis jemand ein Tor erzielt oder die Zeit abgelaufen ist.

22 Uhr Die Zeit ist abgelaufen. Wurde kein Tor erzielt, muss der Ball zum „The Green Man Royal Hotel“ zurückgebracht werden ...

• MEISTER MEHRERER LÄNDER •

1994–2004 Clarence Seedorf .... Niederlande • Spanien • Italien
1991–1998 Marco Etcheverry .... Bolivien • Chile • USA • Ecuador
1986–1998 Michael Laudrup .... Italien • Spanien • Holland
1987–1997 Brian Laudrup .... Dänemark • Italien • Schottland
1985–1995 Trevor Steven .... England • Schottland • Frankreich
1975–1988 Ulrich Stielike .... Deutschland • Spanien • Schweiz
1967–1984 Elías Figueroa .... Uruguay • Brasilien • Chile
1970–1982 Johan Neeskens .... Holland • Spanien • USA
1969–1981 Manga .... Brasilien • Uruguay • Ecuador
1967–1973 Luis Artime .... Argentinien • Uruguay • Brasilien
1947–1964 Alfredo di Stéfano .... Argentinien • Kolumbien • Spanien
1936–1957 Jose M. Moreno .... Argentinien • Mexiko • Chile • Kolumbien
1933–1943 Domingos da Guia .... Uruguay • Brasilien • Argentinien
1917–1924 Alfred Schaffer .... Ungarn • Deutschland • Österreich

• STERNE AUF DER BRUST III •

Ein deutscher Fußballverein erhält für drei Meistertitel (Bundesliga) einen Stern, ab fünf Meistertiteln zwei Sterne, ab zehn Meistertiteln drei und ab 20 vier Sterne.

Verein	Sterne	Titel
FC Bayern München	4	21
Borussia M'gladbach	2	5
SV Werder Bremen	1	4
Hamburger SV	1	3
Borussia Dortmund	1	3
VfB Stuttgart	1	3

• REGELKUNDE VIII •

Offizielle Fifa-Regeln, aus Regel 4 (Ausrüstung der Spieler).

Ein Spieler, der sein Hemd oder Trikot auszieht und auf dessen Unterleibchen Slogans oder Werbeaufschriften zum Vorschein kommen, wird vom Organisator des betreffenden Wettbewerbs mit einer Strafe belegt. Ein Hemd ist ein Kleidungsstück mit Ärmeln ...

• STADIEN, DIE ALT BLEIBEN DÜRFEN •

Tivoli • Aachen Als im September 1957 das erste Flutlichtspiel gegen Olympique Marseille ausgetragen wurde, galt der Tivoli als eines der modernsten Stadien Deutschlands. Heute ist er nicht mehr modern, aber stimmungsvoll ....

Millerntor • St. Pauli Das erste wurde im Zweiten Weltkrieg zerstört, ab 1961 wurde das zweite Millerntorstadion gebaut, wie das erste am Heiligengeistfeld. Ab 1970 hieß es Wilhelm-Koch-Stadion. Dann stellte sich heraus, dass Koch Mitglied der NSDAP gewesen war. Seit 1998 heißt das Stadion wieder Millerntor ....

Georg-Melches-Stadion • Essen Ein Hexenkessel. Obwohl der Kessel heute an der Westseite offen ist – wegen Baufälligkeit wurde die Tribüne abgerissen. Nun ist es ein dreiseitiges Stadion ....

Stadion Rote Erde • Dortmund 1937 eröffnet, im Krieg schwer beschädigt, aber es steht. Heute spielt dort, direkt neben dem Westfalenstadion, die zweite Mannschaft von Borussia Dortmund ....

Jahnstadion • Regensburg Seit Jahren wird in Regensburg über einen Neubau diskutiert, doch das Jahnstadion von 1931 genügt den Ansprüchen. Zudem bleibt es für immer ein olympisches Stadion. 1972 wurden hier olympische Fußballspiele ausgetragen ....

Stadion an der Grünwalder Straße • München Entstand seit 1911, ist heute eines der meistgenutzten Stadien Deutschlands. Darin spielen die zweiten Mannschaften und die Jugendmannschaften des TSV 1860 München und des FC Bayern München ....

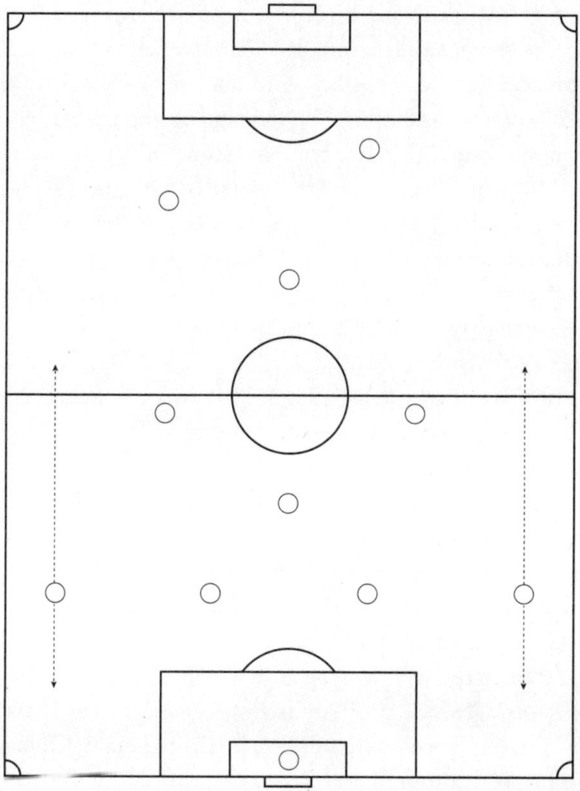

Ein Mann zentral vor der Abwehr, zwei Halbaußen und ein Mann hinter den Spitzen bilden eine Raute im Mittelfeld. Davor spielen zwei Spitzen, dahinter steht eine Viererkette. Die Außenverteidiger übernehmen auch Aufgaben in der Offensive. Im hohen Tempo des modernen Spiels hat sich die Raute als besonders flexibel bewährt. Der FC Bayern München spielte die Raute ebenso wie der SV Werder Bremen oder der FC Schalke 04. Auch Trainer José Mourinho mochte die Raute, das sah man erst beim FC Porto (2002–2004), dann bisweilen beim FC Chelsea (2004–2007).

Februar 1993 Michael Klein (33) vom KFC Uerdingen stirbt während des Trainings an Herz- und Kreislaufversagen ....
September 1996 Die französischen Amateure Franck Sarrabayrouse (25) und William Disciullo (29) sterben in verschiedenen Spielen am selben Spieltag auf dem Spielfeld nach Herzinfarkt ....
August 1997 Der Nigerianer Emmanuel Nwanegbo (30) vom SSV Reutlingen bricht während des Spiels gegen den SC Weismain bewusstlos zusammen und stirbt kurz darauf an einem Herzinfarkt.
April 1998 Axel Jüptner (28) vom FC Carl Zeiss Jena stirbt an Herzversagen, nachdem er drei Tage zuvor nach leichtem Training zusammengebrochen ist ....
Juni 1998 Torwart Markus Paßlack (24) stirbt während eines Probetrainings beim SSV Ulm an einem Herzinfarkt ....
Juli 1999 Stefan Vrabioru (23) vom rumänischen Erstligisten Astra Ploiesti stirbt, nachdem er bei einem Zusammenprall mit einem Gegenspieler einen Herzstillstand erleidet ....
Februar 2000 Der Nigerianer John Ikoroma (17) stirbt während eines Freundschaftsspiels in den Vereinigten Arabischen Emiraten nach einem Herzinfarkt ....
August 2000 Innerhalb von zwei Wochen brechen im hessischen Fußball-Kreis Waldeck drei Amateurspieler auf dem Platz tot zusammen. Ein 16-Jähriger stirbt beim Training, ein 30-Jähriger und ein 42-Jähriger während eines Spiels ....
Oktober 2000 Der rumänische Nationalspieler Catalin Haldan (24) von Dinamo Bukarest erleidet in einem Freundschaftsspiel einen Gehirnschlag und stirbt ....
Juni 2002 Der zypriotische Zweitligaspieler Michael Michel (32) erleidet auf dem Spielfeld einen Herzinfarkt und stirbt ....
Dezember 2002 Der Mazedonier Stefan Toleski (22), unter Vertrag bei FK Napredok, stirbt an den Folgen einer Herzattacke, die er während eines Meisterschaftsspiels erleidet ....

Juni 2003 Kameruns Nationalspieler Marc-Vivien Foe (28) bricht im Halbfinale des Konföderationen-Pokals in Lyon gegen Kolumbien zusammen und stirbt wenig später ....
Juli 2003 Max (21) vom brasilianischen Drittligisten Botafogo Riberao Preto, mit bürgerlichem Namen Maximiliano Patrick Ferreira, stirbt kurz nach dem Training an einem Herzinfarkt ....
Januar 2004 Andrej Pawitskij (18) vom ukrainischen Verein Arsenal Kiew stirbt während des Trainings ....
Januar 2004 Der ungarische Nationalspieler Miklos Feher (24) von Benfica Lissabon bricht im Spiel der portugiesischen Meisterschaft gegen Vitória Guimarães zusammen und stirbt wenig später ....
Oktober 2004 Der brasilianische Profi Serginho (30) von São Caetano, mit bürgerlichem Namen Paulo Sergio Oliveira, bricht während eines Spiels gegen den FC São Paulo zusammen und stirbt an plötzlichem Herz- und Atemstillstand ....
Dezember 2004 Der Brasilianer Cristiano de Lima Junior (24) vom indischen Dempo Sports Club Goa stirbt nach einem Zusammenprall mit dem gegnerischen Torwart im Finale um den indischen Föderationen-Pokal an einem Herzanfall ....
Februar 2005 Der slowenische Torwart Nedzad Botonjic (26) von NK Olimpija Ljubljana stirbt im Training nach einem Herzinfarkt.
Dezember 2005 David di Tommaso (26), französischer Verteidiger beim FC Utrecht, stirbt an den Folgen eines Herzanfalls, den er im Spiel gegen Ajax Amsterdam erleidet ....
August 2007 Antonio Puerta (FC Sevilla) stirbt nach einem Herzstillstand, den er im Spiel gegen den FC Getafe erlitten hatte. Nach dem Sieg im EM-Finale 2008 trägt Sergio Ramos bei der Pokalübergabe ein T-Shirt mit dem Bild des 22-jährigen Spaniers ....
Dezember 2007 Phil O'Donell (35) vom FC Motherwell soll im Spiel gegen Dundee United ausgewechselt werden. Auf dem Weg zur Bank kollabiert der Schotte und stirbt auf dem Weg ins Krankenhaus ....

HOYZERS AHNEN

Bestochen René Mercet • Schweiz **Von** Benito Mussolini **Spiel** WM-Viertelfinale 1934 • Italien vs. Spanien • 1:0 **Tat** Meazzas irregulären Treffer anerkannt, korrekten Ausgleich nicht **Ergebnis** René Mercet lebenslang gesperrt ....

Bestochen Ivan Eklind • Schweden **Von** Benito Mussolini **Spiel** WM-Finale 1934 • Italien vs. Tschechoslowakei • 2:1 **Tat** Nachsichtig gepfiffen, auf fällige Feldverweise verzichtet **Ergebnis** Italien wurde Weltmeister ....

DIE ZONA DEL PIERO

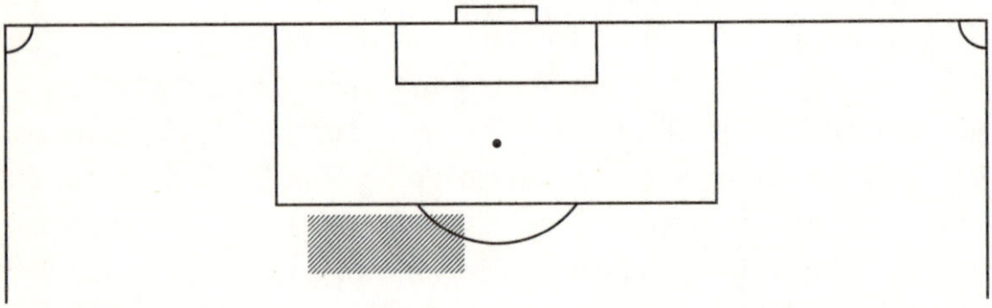

Alessandro del Piero (geboren 1974) schoss eine Zeit lang so gut wie jeden Freistoß ins Tor, wenn der Ball links vor dem Strafraum lag – in der *Zona del Piero*.

JÜNGSTE TORSCHÜTZEN DER CHAMPIONS LEAGUE

Peter Ofori-Quaye ***Olympiakos Piräus*** .... 17 **Jahre** 194 **Tage**
Cesc Fabregas ***FC Arsenal*** .... 17 **Jahre** 217 **Tage**
Bojan Krkic ***FC Barcelona*** .... 17 **Jahre** 217 **Tage**
Martin Klein ***Sparta Prag*** .... 17 **Jahre** 240 **Tage**
Karin Benzema ***Olympique Lyon*** .... 17 **Jahre** 352 **Tage**
Mariyan Ognyanow ***Levski Sofia*** .... 18 **Jahre** 59 **Tage**
Samuel Kuffour ***FC Bayern München*** .... 18 **Jahre** 60 **Tage**
Andrej Schewtschenko ***Dynamo Kiew*** .... 18 **Jahre** 69 **Tage**
Roque Santa Cruz ***FC Bayern München*** .... 18 **Jahre** 71 **Tage**
Nigel de Jong ***Ajax Amsterdam*** .... 18 **Jahre** 80 **Tage**

• ÜBLICHE STADIONWURST •

Energie	295,7 Kcal	Carotin	0,1 mg
Magnesium	20,0 mg	Alkohol	0,0 g
Wasser	54,9 g	Vitamin E	0,3 mg
Calcium	12,0 mg	Harnsäure	92,0 mg
Eiweiß	15,1 g	Folsäure	0,0 µg
Phosphor	130,0 mg	Tierisches Eiweiß	15,1 g
Fett	26,3 g	Vitamin B1	0,5 mg
Eisen	0,8 mg	Ballaststoffe	0,1 g
Kohlenhydrate	0,3 g	Vitamin B2	0,1 mg
Zink	1,3 mg	Natrium	978,0 mg
Ungesättigte Fettsäuren	3,0 g	Vitamin B6	0,3 mg
Vitamin A	16,0 µg	Kalium	248,0 mg
Cholesterin	53,0 mg	Vitamin C	22,8 mg

• GEMISCHTES DOPPEL •

Einige Spieler, die den Europokal der Landesmeister oder die Champions League mit zwei Vereinen gewonnen haben.

Miodrag Belodedici .... 1986 Steaua Bukarest 1991 Roter Stern Belgrad
Ronald Koeman .... 1988 PSV Eindhoven 1992 FC Barcelona
Dejan Savicevic .... 1991 Roter Stern Belgrad 1994 AC Mailand
Marcel Desailly .... 1993 Olympique Marseille 1994 AC Mailand
Frank Rijkaard .... 1989, 1990 AC Mailand 1995 Ajax Amsterdam
Vladimir Jugovic .... 1991 Roter Stern Belgrad 1996 Juventus Turin
Didier Deschamps ... 1993 Olympique Marseille 1996 Juventus Turin
Paolo Sousa .... 1996 Juventus Turin 1997 Borussia Dortmund
Clarence Seedorf* .... 1995 Ajax Amsterdam 1998 Real Madrid
Deco .... 2004 FC Porto 2006 FC Barcelona
Owen Hargreaves ... 2001 Bayern München 2008 Manchester United

*** Seedorf gewann mit einem dritten Verein: 2003 und 2007 siegte er mit dem AC Mailand.**

Der Münchner Koch Alfons Schuhbeck begleitet seit Jahren den FC Bayern München zu Europapokal-Auswärtsspielen. Die Menüzubereitung bespricht Schuhbeck mit Mannschaftsarzt und Trainer. In Kooperation mit der Küche des jeweiligen Mannschaftshotels kocht er landestypische Kost und Gewohntes. Die typische Anrichtungsform ist das Buffet.

Frühstück Es umfasst mit Variationen: Rührei, Spiegelei, Müsli, Bauernbrot aus München, landestypisches Brot, Marmelade, Obst, Putenschinken und Hinterschinken. Besonders beliebt bei den Spielern sind Rührei und Spiegelei, es ist jedoch bei ihnen üblich, die Nahrungsaufnahme morgens zu beschränken. Wichtig ist vielen Kaffee. Die beschränkte Nahrungsaufnahme beim Frühstück gilt weniger für die Funktionäre, was sich auch bei den anderen Mahlzeiten sagen lässt ....

Mittagessen Es besteht aus kohlehydratreicher, also energiespendender Kost. Es beginnt mit Vorspeisen verschiedener Art: Tomaten und Mozzarella, Antipasti und Sülze, da sie Gallert enthält (mögliche Variationen: u.a. Tafelspitz-, Fisch- und Tintenfischsülze), sowie dem FC-Bayern-Salat. Der ist eine Kreation Schuhbecks und enthält knackige Salate, die nicht ermüdend wirken: Feldsalat wirkt ermüdend, Bittersalate nicht. Die Komposition enthält Chicorée oder Radicchio, Blattsalate werden untergemischt. Zur kohlehydratreichen Kost wird eiweißreiche Kost angeboten: Fleisch, Geflügel, frischer Fisch. Bei Spielen gegen Trondheim serviert Schuhbeck gern Lachs. In anderen Städten sind es unter anderem Zander oder Saibling. Hinzu kommen Sonderwünsche. Bixente Lizarazu mag zum Beispiel Seezunge ....

Nachmittagsimbiss Er wird am Spieltag dreieinhalb Stunden vor dem Anpfiff, gegen 17 Uhr, gereicht. Er besteht aus Sandkuchen und Sandwiches. Auf Sonderwunsch (kommt gelegentlich vor) ist auch ein Steak erhältlich. Anschließend wird die Nahrungsaufnahme bis Spielbeginn eingestellt ....

Abendessen Es erinnert in seiner Zusammenstellung an das Mittagessen. Stets werden sowohl kalte als auch warme Speisen angeboten. Die Spieler nehmen nach getaner Arbeit gerne den FC-Bayern-Salat und Nudeln zu sich ....

Import Schuhbeck importiert eine handelsübliche, aber eigene Kaffeemaschine und eigenen Kaffee, wegen der von Land zu Land unterschiedlichen Kaffeezubereitungsarten, die nicht immer das Wohlwollen aller Spieler genießen; 20 kg Reis; 40 kg Nudeln (italienische De Cecco); Saucen; Bauernbrot aus München; vorgereiftes Fleisch. Außerdem benötigt Schuhbeck vier Mitarbeiter: zwei Servicebedienstete und zwei Köche, von denen einer bereits zwei Tage vor den anderen anreist, um das Angebot auf dem jeweiligen lokalen Markt zu sichten, zu prüfen und zu kaufen ....

Am Ort Nicht importiert werden Kochutensilien wie Pfannen, Töpfe und Pürierstäbe, welche vom Hotel gestellt werden, sowie Kartoffeln, Fisch, Gemüse und Salate ....

Feiern Die Deutsche Meisterschaft 2003 wurde mit Fischsuppe, Rinderfilet an Kartoffelbärlauch, süß-sauer marinierter Bratwurst, geeistem Kaiserschmarrn und dem FC-Bayern-Salat feierlich begangen. Der Champions-League-Sieg 2001 dagegen mit Champagner und vor allem Weißbier. Gegessen wurde erst wieder am nächsten Abend ....

• VON DER VERGÄNGLICHKEIT •

Einigen skandinavischen Mannschaften ist der Gewinn der nationalen Meisterschaft nicht gut bekommen. Sie stiegen im Jahr nach dem Titelgewinn ab. In der Saison 1950/51 scheinen diesbezüglich besondere Kräfte gewirkt zu haben: Der norwegische, der finnische und der dänische Meister stiegen ab.

Klub	Land	Meister	Abgestiegen
Herfølge BK	Dänemark	2000	2001
Haka Valkeakoski	Finnland	1995	1996
TPV Tampere	Finnland	1994	1995
B71 Sandur	Färöer Inseln	1989	1990
Hvidovre IF	Dänemark	1973	1974
IFK Göteborg	Schweden	1969	1970
SK Brann Bergen	Norwegen	1963	1964
Djurgården Stockholm	Schweden	1959	1960
GAIS Göteborg	Schweden	1954	1955
Fram Larvik	Norwegen	1950	1951
Ilves-Kissat Tampere	Finnland	1950	1951
KB Kopenhagen	Dänemark	1950	1951
Freidig	Norwegen	1948	1949
Helsingsborg IF	Schweden	1934	1935

ARSCHKARTE

Was man als Schiedsrichter wirklich nicht will: die gelbe mit der roten Karte verwechseln. Also tragen die meisten Schiedsrichter die gelbe Karte in der Brusttasche, die viel seltener benutzte rote Karte führen sie hingegen in der Gesäßtasche mit sich. In einer Zeit, die sehr weit zurückzuliegen scheint, verfolgten die meisten Menschen Fußballspiele auf einem Schwarz-Weiß-Fernseher; es war sehr schwierig auf diesen Fernsehern die Farbe der Karten zu unterscheiden, doch sah man durchaus, woher der Schiedsrichter die Karte holte. Bekanntermaßen wird das Gesäß umgangssprachlich auch Arsch genannt, es entwickelte sich folgerichtig die Redewendung: die Arschkarte ziehen. Dieser Ausdruck legte eine hübsche Karriere hin und schaffte es, die Welt des Fußballs zu verlassen. Ein wenig verschob sich die Bedeutung: Wer sagt, er habe „die Arschkarte gezogen", der drückt damit aus, dass eine Situation sich nicht unbedingt zu seiner Zufriedenheit gelöst hat (Steigerung: in der Scheiße sitzen). Die klanglich weit schönere Variante „die Gesäßkarte ziehen" hat sich leider nicht durchgesetzt ....

ECKFAHNEN

Mit Eckfahnen wird allerlei Schindluder getrieben. Bisweilen nutzen Fußballer sie als Teil einer Jubel-Choreographie. Manchmal nehmen Fußballer die Fahne zwischen die Beine, was sie allerdings damit andeuten wollen, davon sollen sie selbst sprechen. Die wahre Aufgabe einer Eckfahne besteht darin, die Ecken des Spielfeldes zu markieren. Der Deutsche Fußball-Bund bemerkt dazu in etwas sperriger Diktion: „An jeder Ecke (des Spielfeldes) wird eine Fahne an einer Stange, die nicht unter 1,50 m hoch und oben nicht spitz sein darf, angebracht." Laut Regel ist um jede Eckfahne ein Viertelkreis mit einem Meter Radius im Spielfeld zu ziehen, in Wirklichkeit sehen diese Kreise aber immer kleiner aus. Vielleicht täuscht das auch ....

FINALE GOLDEN-GOAL-ENTSCHEIDUNGEN

Die Golden-Goal-Regel trat erstmals bei der Junioren-Weltmeisterschaft 1993 in Australien in Kraft. Die Regel ging so: Stand es nach 90 Minuten unentschieden, wurde eine Verlängerung von zweimal 15 Minuten begonnen. Erzielte jedoch eine Mannschaft in dieser Verlängerung ein Tor, wurde das Spiel sofort beendet, und die Mannschaft, die das Tor erzielt hatte, war Sieger des Spiels. Niemand wollte diese Regel, außer den Funktionären. Es dauerte dennoch bis zum Februar des Jahres 2004, bis der Weltverband Fifa die Regel wieder abschaffte – selbstverständlich ließ sich der Verband für die Abschaffung des von ihm eingeführten Unsinns feiern.

EM 1996 England .... Deutschland vs. Tschechische Republik 2:1
95. Minute Oliver Bierhoff ....

EM 2000 Holland • Belgien .... Frankreich vs. Italien 2:1
103. Minute David Trézeguet ....

Olympia 2000 Turnier der Frauen • Sydney .... Norwegen vs. USA 3:2
112. Minute Dagny Mellgren ....

Uefa-Pokal 2001 Dortmund .... FC Liverpool vs. CD Alavés 5:4
116. Minute Delfi Geli *Eigentor* ....

EM Frauen 2001 Deutschland .... Deutschland vs. Schweden 1:0
98. Minute Claudia Müller ....

Konföderationenpokal 2003 Frankreich .... Frankreich vs. Kamerun 1:0
97. Minute Thierry Henry ....

WM Frauen 2003 USA .... Deutschland vs. Schweden 2:1
98. Minute Nia Künzer ....

DAVID BECKHAM UND DIE AUTOS

David Beckham mag Autos sehr gern. Immer wieder mal, wenn die Zeit reif zu sein scheint, kauft er sich einen neuen Wagen. Die Zeit scheint eher häufig reif zu sein:

Porsche 911 Turbo • Aston Martin DB7 • Mercedes Benz CLK 320 • Lincoln Navigator • Ferrari 550 Maranello • Bentley Continental GT • GMC Yukon 4 x 4 • BMW X5 • Crysler Grand Voyager • Hummer H2 • TVR Cerbera • Ford F-Series Pickup ......

SIE TRAFEN UND ES NÜTZTE NICHTS

Nichts Größeres gibt es im Fußball, als im Finale einer WM ein Tor zu erzielen und zu gewinnen. Kinder träumen davon, manche Erwachsene auch. Doch es gibt auch die Spieler, denen ein Tor im Finale gelang, und die am Ende als Verlierer den Platz verließen.

1930 Carlos Peucelle, Guillermo Stabile Argentinien vs. Uruguay 2:4
1934 Antonin Puc Tschechoslowakei vs. Italien 1:2
1938 Pal Titkos, Dr. György Sárosi Ungarn vs. Italien 2:4
1950 kein Endspiel, Titel wurde in einer Gruppen-Endrunde vergeben ....
1954 Ferenc Puskás, Zoltan Czibor Ungarn vs. Deutschland 2:3
1958 Nils Liedholm, Agne Simonsson Schweden vs. Brasilien 2:5
1962 Josef Masopust Tschechoslowakei vs. Brasilien 1:3
1966 Helmut Haller, Wolfgang Weber Deutschland vs. England 2:4
1970 Roberto Boninsegna Italien vs. Brasilien 1:4
1974 Johan Neeskens Niederlande vs. Deutschland 1:2
1978 Dick Nanninga Niederlande vs. Argentinien 1:3
1982 Paul Breitner Deutschland vs. Italien 1:3
1986 Karl-Heinz Rummenigge, Rudi Völler Deutschland vs. Argentinien 2:3
1994 Demetrio Albertini, Alberigo Evani Italien vs. Brasilien* 2:3
2006 Zidane, Wiltord, Abidal, Sagnol Frankreich vs. Italien** 4:6

* Im Elfmeterschießen ••• ** Nach Elfmeterschießen, davor 1:1 n.V. ••• 1990 *Argentinien verlor 0:1 gegen Deutschland* • 1998 *Brasilien verlor 0:3 gegen Frankreich* • 2002 *Deutschland verlor 0:2 gegen Brasilien.*

LA OLA – DIE WELLE

Sozialpsychologisches Phänomen in Fußballstadien, seit 1986 (WM in Mexiko) bekannt.

Richtung .... Im Uhrzeigersinn
Geschwindigkeit .... Meter/Sekunde 12
Zurückgelegte Distanz .... Sitze/Sekunde 20
Breite .... Meter 6–12
Mindestgröße der Erzeugergruppe .... Zuschauer 25–30

• STERNE AUF DER BRUST IV •

Ein italienischer Fußballverein erhält für jeweils zehn Meistertitel einen Stern.

Verein	Sterne	Titel
Juventus Turin	2	27
AC Mailand	1	17
Inter Mailand	1	17

• DIREKTABNAHME •

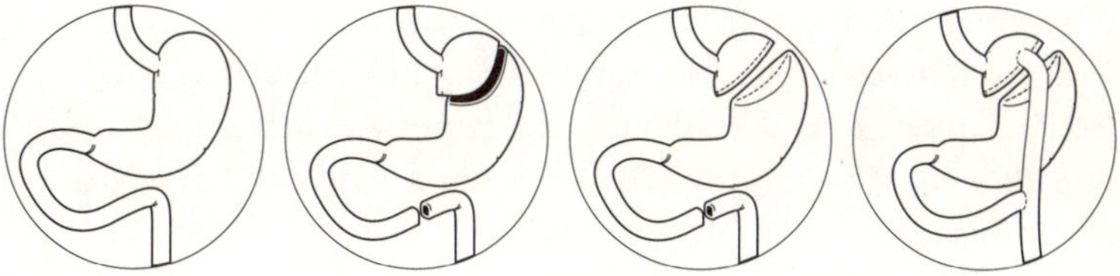

Diego Armando Maradona (geboren 1960), ein Zauberer des Fußballs, legte nach seiner aktiven Laufbahn sehr viel Gewicht zu. Er wurde krank, was neben dem Übergewicht auch auf Drogen zurückgeführt wurde. Seit 2005 geht es ihm besser, auch, weil er sich zur Bekämpfung des Übergewichts den Magen umbauen ließ.

• HOHES SPIEL •

Gegen Ecuador zu spielen ist schwierig genug. Noch schwieriger ist es, wenn man zum Auswärtsspiel in der Landeshauptstadt Quito antreten muss, die 2.800 Meter über dem Meeresspiegel liegt. Bereits kurz nach der Ankunft kann es zu Beeinträchtigungen des Befindens kommen.

Verstärkte Atmung • Beschleunigter Herzschlag • Kopfschmerzen • Appetitlosigkeit • Übelkeit • Erbrechen • Schwindel • Schlafstörungen • Schwellungen an Füßen, Armen und Gesicht ....

Daher gilt: Rauchen und Alkoholkonsum einschränken • Viel Wasser und Tee trinken • Anfangs viel ruhen • Bei starken Kopfschmerzen medikamentöse Therapie ....

5. April 1902 Ibrox Park, Glasgow, Schottland • Schottland vs. England • Westtribüne bricht zusammen • 25 Tote, 517 Verletzte ....
9. März 1946 Burden Park, Bolton, England • Bolton Wanderers vs. Stoke City • Umfassungsmauer fällt um, Panik bricht aus • 33 Tote, mehr als 400 Verletzte ....
6. November 1955 Stadio San Paolo, Neapel, Italien • SSC Neapel vs. FC Bologna • Bologna wird ein Strafstoß zugesprochen, Unruhen brechen aus • 152 Verletzte ....
21. September 1962 Libreville, Gabun • Gabun vs. Kongo-Brazzaville • Ein Erdrutsch trifft das Stadion • neun Tote, 30 Verletzte ....
24. Mai 1964 Nationalstadion, Lima, Peru • Peru vs. Argentinien (Olympia-Mannschaften) • Zwei Minuten vor Schluss gibt der Schiedsrichter Perus Ausgleichstor nicht, Unruhen brechen aus • 318 Tote, mehr als 500 Verletzte ....
23. Juni 1968 Estadio Monumental, Buenos Aires, Argentinien • River Plate vs. Boca Juniors • Bei Spielende werfen Boca-Fans brennendes Papier von den oberen Rängen, Panik bricht aus • 74 Tote, 150 Verletzte ....
2. Januar 1971 Ibrox Park, Glasgow, Schottland • Celtic Glasgow vs. Glasgow Rangers • Fans, die früher gegangen waren, versuchen auf die Ränge zurückzukommen, als sie hören, dass die Rangers ausgeglichen haben, eine Stahlbarriere bricht • 66 Tote, mehr als 140 Verletzte ....
6. Dezember 1976 Port-au-Prince, Haiti • Haiti vs. Kuba • Kuba gleicht aus, Fans zünden Feuerwerkskörper. Andere Fans glauben, es sei Maschinengewehrfeuer, in der Panik wird ein Soldat zu Boden geworfen, dessen Maschinenpistole tatsächlich losgeht • sechs Tote, unbekannte Zahl an Verletzten ....
11. Mai 1985 Valley Parade Stadium, Bradford, England • Bradford City vs. Lincoln City • Eine Zigarette, nicht ganz ausgedrückt in einem Plastikbecher, der unter die hölzerne Haupttribüne geworfen wurde, verursacht einen Großbrand • 56 Tote, hunderte Verletzte ....

29. Mai 1985 Heysel-Stadion, Brüssel, Belgien • **FC Liverpool vs. Juventus Turin (Finale Europapokal der Landesmeister)** • Englische Fans stürmen Block mit italienischen Fans, Panik bricht aus • 39 Tote, mehr als 450 Verletzte ....

15. April 1989 Hillsborough Stadium, Sheffield, England • **Nottingham Forest vs. FC Liverpool (Halbfinale FA-Cup)** • Fans versuchen, sich auf eine bereits überfüllte Tribüne zu drängen, Menschen werden gegen die Begrenzungszäune gequetscht • 95 Tote, mehr als 200 Verletzte.

• ES GIBT KEINE KLEINEN MEHR X •

Pakistan Versucht sich in der WM-Qualifikation seit 1990. 0 Siege, 24 Niederlagen, 2 Unentschieden. Torverhältnis 9:112 ....

• MÄNNER IHRER FRAUEN •

David Beckham	Stets zu wenig verdienender Ehemann der Beschwerdeführerin ***Victoria*** ....
Stefan Effenberg	Ehemals Ehemann seiner ehemaligen Managerin ***Martina*** ....
Thomas Häßler	Ehemals Ehemann seiner ehemaligen Managerin ***Angela*** ....
Bodo Illgner	Ehemann seiner Managerin ***Bianca*** ....
Valdas Ivanauskas ...	Ehemann von ***Beatrice***, die stets wusste, zu welchem Klub er wollte ....
Bernd Schuster	Ehemals Ehemann seiner Managerin ***Gaby.***
Uwe Seeler	Ehemann von ***Ilka***, die sich zu Hause um die Sache mit den Zahlen kümmert ....
Fritz Walter	Ehemann von ***Italia***, die Managerin genannt worden wäre, wenn man Frauen damals schon so genannt hätte ....

• DIE ZDF-TORWAND •

Erstmals auf Sendung am 5. September 1966 • Material Sperrholz, zwei Löcher, je 55 Zentimeter Durchmesser • Erfinder Werner Schneider • Schussentfernung 7 Meter • Schüsse 3 unten, 3 oben • Rekordschützen:

Günter Netzer 18. Mai 1974 • Borussia Mönchengladbach .... Treffer 5
Günter Hermann 7. Mai 1988 • SV Werder Bremen .... Treffer 5
Reinhard Saftig 12. Oktober 1991 • Bayer 04 Leverkusen .... Treffer 5
Matthias Becker 26. März 1994 • Eintracht Frankfurt .... Treffer 5
Rolf Fringer 16. September 1995 • VfB Stuttgart .... Treffer 5
Frank Pagelsdorf 21. August 1999 • Hamburger SV .... Treffer 5
Frank Rost 11. Dezember 1999 • SV Werder Bremen .... Treffer 5

• YOU'LL NEVER WALK ALONE •

Das Lied wurde 1945 von Richard Rodgers (Komposition) und Richard Hammerstein (Text) für das Musical „Carousel" verfasst. In den Sechzigerjahren landeten Gerry And The Pacemakers mit ihrer Version einen Hit. Bald sang die legendäre Fantribüne des FC Liverpool, genannt „The Kop", das Lied vor jedem Heimspiel. Es wurde zur berühmtesten Fußballhymne. Seit Erscheinen haben es unzählige Interpreten gesungen, von denen einige mehr, andere weniger bekannt sind.

Frank Sinatra 1945 • Louis Armstrong 1956 • Perry Como 1956 • Judy Garland 1956 • Nina Simone 1957 • Shirley Bassey 1962 • The Original Five Blind Boys Of Alabama 1963 • Gerry And The Pacemakers 1963 • Ray Charles 1963 • Chet Atkins 1967 • Glen Campbell 1970 • Elvis Presley 1971 • Pink Floyd 1971 • Billy Preston 1973 • Richard Clayderman 1977 • Eddie, The Shipboard Computer 1978 • Holly Johnson & The Lightning Seeds 1985 • Aretha Franklin 1987 • Olivia Newton-John 1989 • Patti La Belle 1992 • Barry Manilow 1993 • Mario Lanza 1993 • Die Toten Hosen 1996 • Placido Domingo, Luciano Pavarotti, José Carreras 1998 • Gay Men's Chorus Of Los Angeles 1998 • Bela B. & The Tiki Wolves 2002 • Johnny Cash (2004 posthum veröffentlicht) ....

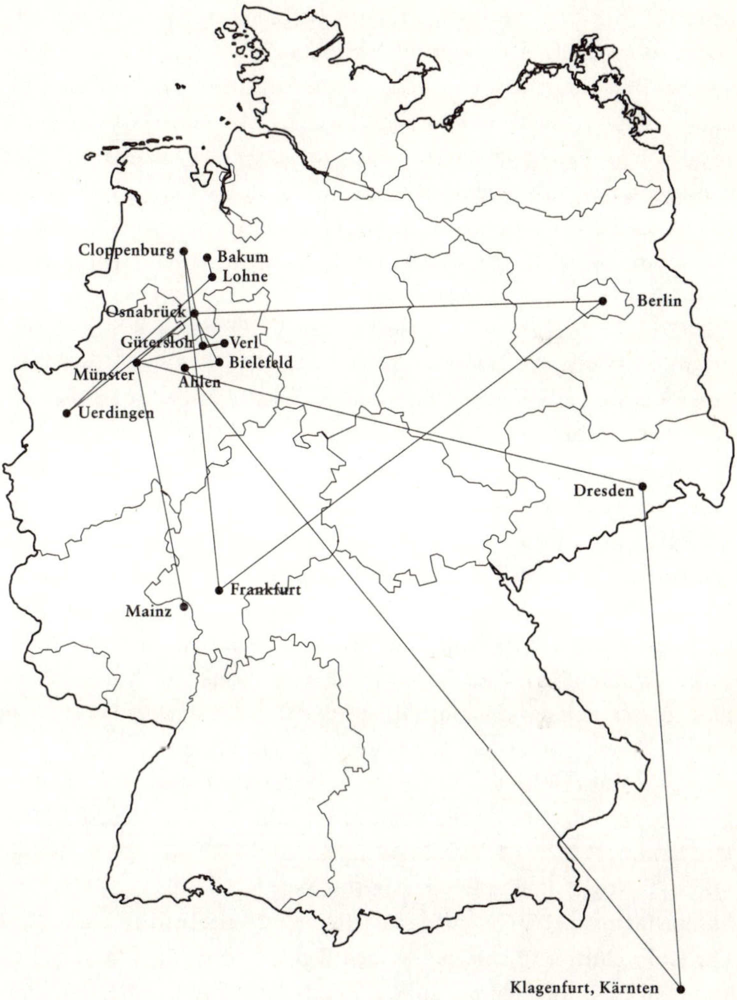

Die vielen Vereine des Fußballprofis Ansgar Brinkmann, geboren am 5. Juli 1969.

Die Beckenbauers Wegen des außergewöhnlichen Talents von Vater Franz ruhte die Hoffnung einer Nation auf den Schultern von Sohn Stefan. Der hat es jedoch nie zu einem beachtlichen Fußballer gebracht. Als er einst vom FC Bayern zum Münchner Lokalrivalen 1860 wechselte, beschrieb er sein Problem mit den Worten: „Ich kann meinen Vater nicht mehr sehen." ....

Die Maldinis Vater Cesare, ehemals Nationalspieler, hat Sohn Paolo nicht nur beim AC Mailand, sondern auch in der italienischen Auswahl über den Platz jagen dürfen ....

Die Cruyffs Wie gut war eigentlich Jordi? Besser wohl als Stefan B., aber nie gut genug, um glücklich mit dem Fußball zu werden. Vater Johan war als Vorbild einfach zu groß. Vater Johan war auf dem Platz einfach großartig ....

Die Toppmöllers Die Karriere von Klaus' Sohn Dino wurde vom Vater gefördert, was aber auch nicht weiterhalf. Dinos Fähigkeiten sind als bescheiden zu bezeichnen. Die Familienehre rettete seine Schwester, die es zum Nacktmodell brachte ....

Die Rehhagels Als Sohn Jens einst in einem unterklassigen Ligaspiel vom Platz verwiesen wurde, brüllte ihm der Schiedsrichter hinterher: „Und schönen Gruß an ihren Vater, Herr Rehhagel!" Der Vater, dies sei der Vollständigkeit halber angemerkt, trägt den Vornamen Otto ....

Die Davydovs Sohn Dimitri (22) und Vater Anatoli (43) spielten gemeinsam bei Zenit St. Petersburg im Jahr 1997 Erstliga-Fußball.

Die Sammers Vater Klaus brachte es auf 17 Länderspiele für die DDR, Europas Fußballer des Jahres wurde allerdings später sein Sohn Matthias (1996) – beide arbeiten heute als Trainer ....

Die Cullmanns Vater Bernd ist eine Kölner Legende, Sohn Carsten stand 189-mal für den FC auf dem Platz, was kaum jemandem auffiel. 2006 wurde er zu den Amateuren delegiert ....

Die Hallers Mit dem Ball, den Jürgen Haller als Fünfjähriger von

seinem Vater Helmut erhielt – immerhin die Kugel, die 1966 im WM-Endspiel über den Rasen von Wembley rollte –, begann eine unglückliche Laufbahn, die in einer erfolglosen Saison beim Kurzzeit-Bundesligisten Blau-Weiß 90 Berlin eine Art Höhepunkt fand ....
Die Gudjohnsens Am 24. April 1996 wurde der Isländer Ejdur Gudjohnsen beim Länderspiel gegen Estland in Tallinn für seinen Vater Arnor eingewechselt. Damit schrieben die beiden Geschichte. Ejdur war damals 17 Jahre alt, Arnor war 34 ....
Im weiteren Kreis Die Seelers, die Dörfels, die Chapuisats, die Chas.

• DAS TIER IM WAPPEN •

Ein Wappen ist ein Zeichen für eine Person/Personengruppe (Familienwappen), eine Zunft (Zunftwappen), eine Stadt (Stadtwappen), ein Land (Landeswappen) und eben einen Verein (Vereinswappen). Erforscht werden Wappen in der Heraldik.

Eintracht Frankfurt .... Adler
SC Freiburg .... Adler
Preußen Münster .... Adler
1. FC Köln .... Geißbock
Eintracht Braunschweig .... Löwe
FC Chemnitz .... Löwe
Bayer 04 Leverkusen .... Löwe
TSV 1860 München .... Löwe
1. FC Saarbrücken .... Löwe
MSV Duisburg .... Zebra

Die Spieler der KSV Holstein Kiel werden zwar Störche genannt, der Verein führt dennoch keinen Storch im Wappen. Die Benennung folgt der traditionellen Spielkleidung des Klubs, zu der neben weißen Hosen rote Stutzen gehören. Böse Menschen behaupten gern, die Kieler hießen Störche, weil sie so wenig elegant über die Plätze staksen, aber da ist überhaupt nichts dran.

• DER VIELSEITIGE •

Alexander Schalamanow ist eher der sportliche Typ, und wenn er einmal in Bewegung kommt, gehört er schnell zu den Besten. Schalamanow, geboren 1941, war 1963 und 1966 Bulgariens Fußballer des Jahres, 42-mal spielte er für sein Land und nahm an den WM-Turnieren 1966 und 1970 teil. 1960 startete er bei den Olympischen Winterspielen in Squaw Valley in der Abfahrt (Platz 47), im Riesenslalom (Platz 37) und im Slalom (ausgeschieden, erster Lauf). Da er zudem passabel Volleyball spielte, stand er auch in der Mannschaft, die 1964 bei den Sommerspielen in Tokio an den Start ging ....

• DIE HÖCHSTEN SIEGE BEI WM-TURNIEREN •

WM 1982 **Spanien** .... **Ungarn vs. El Salvador** 10:1

15. Juni in Elche *Weltmeister* Italien ....

WM 1954 **Schweiz** .... **Ungarn vs. Südkorea** 9:0

17. Juni in Zürich *Weltmeister* Deutschland ....

WM 1974 **Deutschland** .... **Jugoslawien vs. Zaire** 9:0

18. Juni in Gelsenkirchen *Weltmeister* Deutschland ....

WM 1938 **Frankreich** .... **Schweden vs. Kuba** 8:0

12. Juni in Antibes *Weltmeister* Italien ....

WM 1950 **Brasilien** .... **Uruguay vs. Bolivien** 8:0

2. Juli in Mineiro *Weltmeister* Uruguay ....

WM 2002 **Japan • Südkorea** .... **Deutschland vs. Saudi-Arabien** 8:0

1. Juni in Sapporo *Weltmeister* Brasilien ....

• REGELKUNDE IX •

Offizielle Fifa-Regeln, aus Regel 9 (Ball in und aus dem Spiel).

Der Ball ist aus dem Spiel, wenn er auf dem Boden oder in der Luft vollständig die Tor- oder Seitenlinie überschritten hat oder das Spiel vom Schiedsrichter unterbrochen worden ist ....

FUSSBALL UND MUSIK VI

Zur Melodie von „Living Next Door To Alice“ (Smokie). Zu hören auf den Tribünen von Old Trafford, Manchester United – gewidmet dem Lokalrivalen Manchester City.
„Twenty-four years just waiting for a chance – To win a major trophy – Give silverware a glance – Just for twenty-four years we've been living next door to City – City, who the f**k are City?“

DER POKAL FÜR DEN WELTMEISTER

Von 1930 an wurde der Coupe Jules Rimet vergeben. Ausgelobt war: Wer ihn dreimal gewinnt, darf ihn behalten. Das gelang 1970 Brasilien (nach 1958 und 1962). Seit 1974 wird ein neuer Pokal vergeben, den niemand behalten darf, ganz gleich, wie oft er Weltmeister wird. Der Fuß dieses Pokals ist umgeben von zwei Ringen aus Malachit, einem Halbedelstein, und bietet Platz für 17 Plaketten mit den Namen der Länder, die den Titel gewonnen haben. Platz genug ist auf dem Fuß noch bis zum Jahr 2038 ....

EINIGE BEINAMEN TÜRKISCHER KLUBS

Antalyaspor *Kızıl Akrep(ler)* .... Rote(r) Skorpion(e)
Bursaspor *Yeşil Timsahlar* .... Grüne Krokodile
Denizlispor *Horozlar* .... Hähne
Fenerbahçe İstanbul *Sarı Kanaryalar* .... Gelbe Kanarienvögel
Fethiyespor *Apaçiler* .... Apachen
Galatasaray İstanbul *Çim Bom/Aslan(lar)* .... Tschim Bom/Löwe(n)
Gaziantepspor *Kırmızı Şahinler* .... Rote Falken
Mersin İdmanyurdu *Kırmızı Şeytanlar* .... Rote Teufel
Sariyer *Beyaz Martılar* .... Weiße Möwen
Trabzonspor *Karadeniz Firtinası* .... Schwarzmeer-Orkan
Vanspor *Canavarlar* .... Drachen
Vestel Manisa *Tarzanlar* .... Tarzans

Name	auch bekannt als
SV Motor Altenburg	Stahl Altenburg • ZSG Altenburg
FC Erzgebirge Aue	Wismut Aue
SG Fortuna Babelsberg	Rotation Babelsberg
1. FC Union Berlin	Motor Oberschöneweide • Union Oberschöneweide
FC Vorwärts Berlin	
Bischofswerdaer FV 08	Fortschritt Bischofswerda
BSG Chemie Böhlen	später FSV Böhlen • fusionierte 1990 mit Grün-Weiß Leipzig zu FC Sachsen Leipzig
FC Stahl Brandenburg	BSV Brandenburg • Stahl Brandenburg
FSV Glückauf Brieske-Senftenberg	Aktivist Brieske-Senftenberg • Aktivist Brieske-Ost • Franz Mehring Marga
Chemnitzer FC	FC Karl-Marx-Stadt • SC Karl-Marx-Stadt • Motor Karl-Marx-Stadt
FC Energie Cottbus	BSG Energie Cottbus
SV Anhalt Dessau	Motor Dessau • Waggonfabrik Dessau
1. FC Dynamo Dresden	SG Dynamo Dresden • SG DVP Dresden
Dresdner SC Fußball 98	Einheit Dresden • Rotation Dresden • Sachsenverlag Dresden
SG Dresden-Friedrichstadt	
Eisenhüttenstädter FC Stahl	Stahl Eisenhüttenstadt
FC Rot-Weiß Erfurt	Turbine Erfurt • KWU Erfurt
Frankfurter FC Viktoria 91	Vorwärts Frankfurt
1. SV Gera	Wismut Gera • Motor Gera • BSG Gera-Süd
Hallescher FC	Hallescher FC Chemie • Chemie Halle • Turbine Halle • ZSG Union Halle
FC Carl Zeiss Jena	Motor Jena
Lauterer SV Viktoria	Empor Lauter
FC Sachsen Leipzig	Fusion: GW Leipzig/FSV Böhlen (1990)

Name	auch bekannt als
BSG Chemie Leipzig	später Grün-Weiß Leipzig • fusionierte 1990 mit FSV Böhlen zu FC Sachsen Leipzig • früher ZSG Industrie Leipzig
SC Rotation Leipzig	aufgelöst • früher Einheit-Ost Leipzig
VfB Leipzig	Lokomotive Leipzig • SC Leipzig
SK Vorwärts Leipzig	
SV Lichtenberg 47	
1. FC Magdeburg	SC Magdeburg • Aufbau Magdeburg
Meeraner SV	Fortschritt Meerane • Einheit Meerane
SV Merseburg 99	Chemie Buna-Schkopau
FC Neubrandenburg	SC Neubrandenburg
BSG Einheit Pankow	fusionierte 1990 mit VfB Pankow zu VfB Einheit zu Pankow
VfB Pankow	fusionierte 1990 mit Einheit Pankow zu VfB Einheit zu Pankow
FC Stahl Riesa 98	Stahl Riesa
FC Hansa Rostock	Empor Rostock
Schweriner SC	Vorwärts Schwerin
SV 08 Steinach	Motor Steinach
FSV Lok Altmark Stendal	Lokomotive Stendal • Hans Wendler Stendal • Eintracht Stendal
FC Pommern Stralsund	Vorwärts Stralsund
1. Suhler SV	Motor Suhl
SV Stahl Thale	BSG Stahl Thale • EHW Thale
SC Weimar 03	Turbine Weimar
1. SC Weißenfels	Fortschritt Weißenfels
FC Anker Wismar	ZSG Anker Wismar • Motor Wismar
1. FC Zeitz	Chemie Zeitz
FSV Zwickau	Sachsenring Zwickau • Motor Zwickau • Horch Zwickau

ABSEITSREGELN

Ein Spieler befindet sich in einer Abseitsstellung, wenn er im Moment des Abspiels vom Mitspieler der gegnerischen Torlinie näher ist als der Ball und der vorletzte Verteidiger. Ein Spieler befindet sich nicht in einer Abseitsstellung, wenn er sich im Moment des Abspiels in der eigenen Spielfeldhälfte oder auf gleicher Höhe mit dem vorletzten Verteidiger befindet. Ein Spieler wird nur dann für seine Abseitsstellung bestraft, wenn er nach Ansicht des Schiedsrichters aktiv am Spielgeschehen teilnimmt. Das tut der Spieler, indem er ins Spiel eingreift, einen Gegner beeinflusst oder aus seiner Stellung einen Vorteil zieht. Als Verteidiger gilt auch der Torwart.

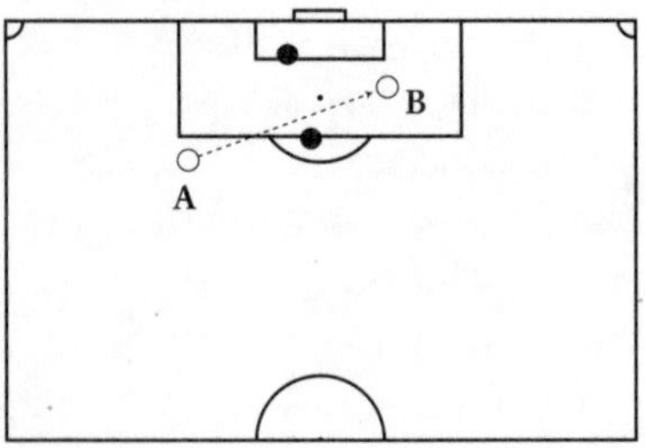

Abseits: B ist der gegnerischen Torlinie näher als der vorletzte Verteidiger.

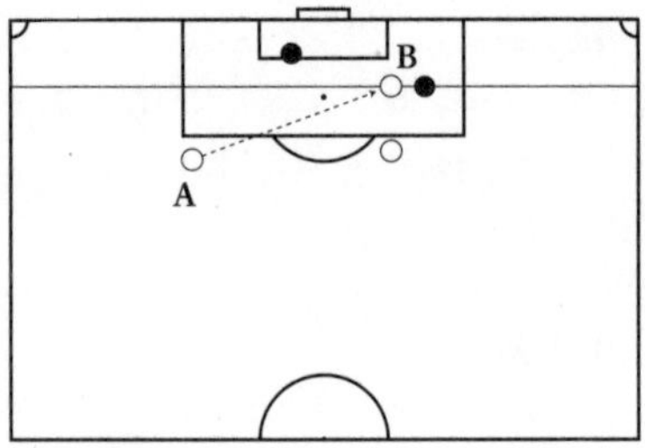

Kein Abseits: B befindet sich mit dem vorletzten Verteidiger auf gleicher Höhe.

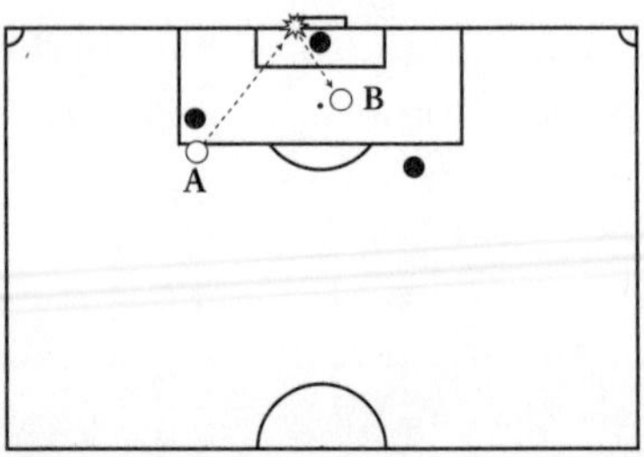

Abseits: A trifft den Pfosten. B nimmt den Abpraller im Abseits auf und greift damit aktiv ins Spielgeschehen ein.

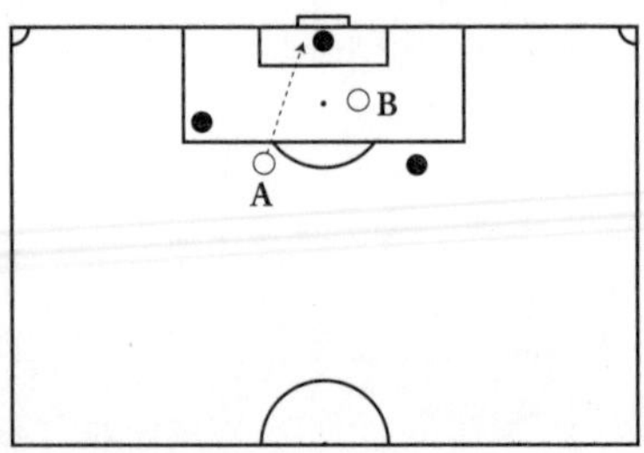

Kein Abseits: A erzielt ein Tor. B befindet sich zwar im Abseits, greift aber nicht aktiv ins Spielgeschehen ein.

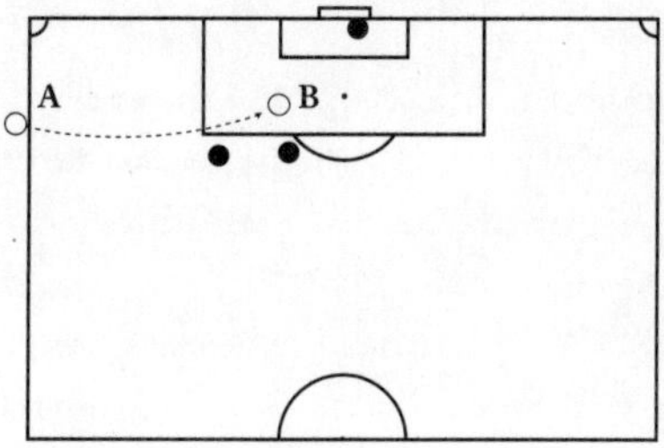

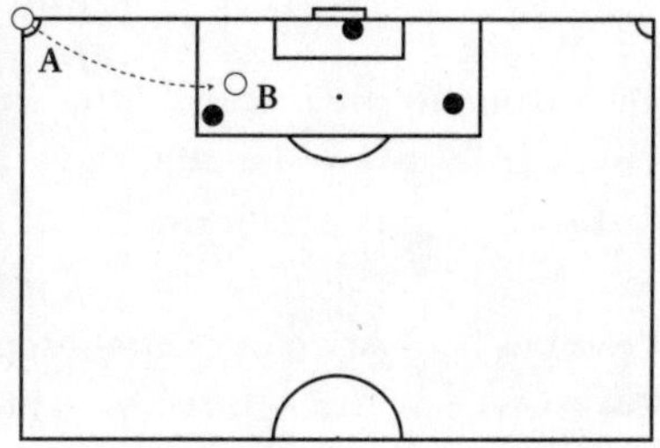

Kein Abseits: Regel gilt bei Einwurf nicht.

Kein Abseits: Regel gilt bei Eckstoß nicht.

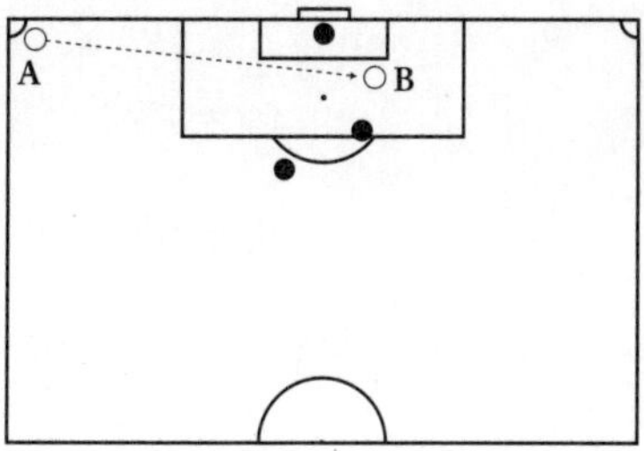

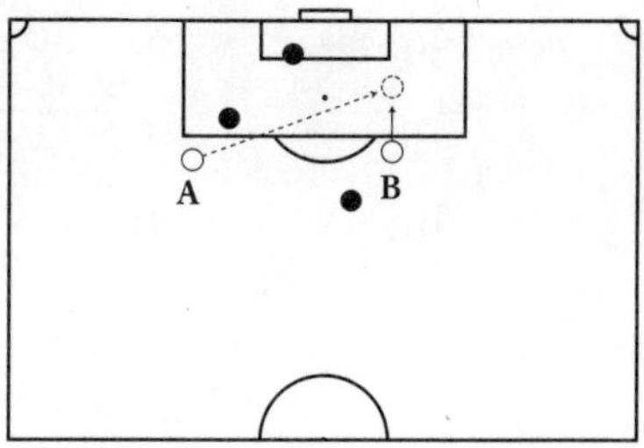

Kein Abseits: Abseits ist aufgehoben, wenn ein Rückpass gespielt wird.

Kein Abseits: B ist im entscheidenden Moment der Ballabgabe nicht im Abseits.

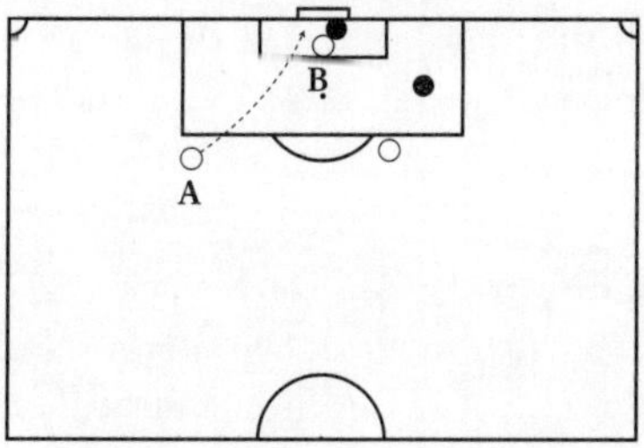

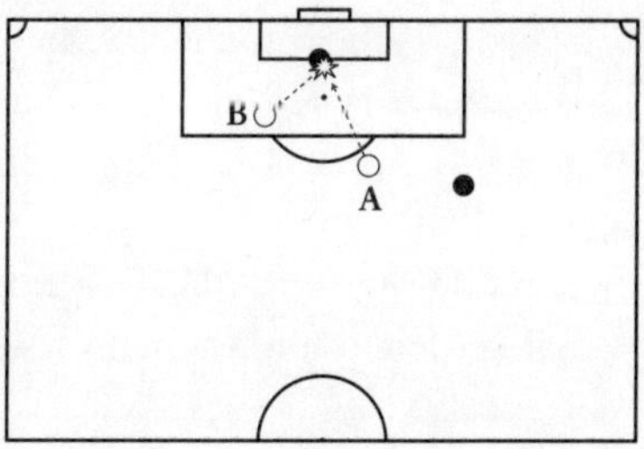

Abseits: A schießt ein Tor. B greift – in Abseitsstellung – ins Spielgeschehen ein: Er versperrt dem Torhüter die Sicht.

Abseits: A schießt, der Torwart wehrt ab. B nimmt den Abpraller im Abseits auf und greift damit ins Spielgeschehen ein.

Opfer Roberto Boninsegna, Inter Mailand .... 20. Oktober 1971
Begegnung Borussia M'gladbach vs. Inter Mailand .... 7:1 • später annulliert
Wurfgeschoss .... Getränkedose

•••

Opfer Ein Polizist an der Seitenlinie .... 19. Januar 1982
Begegnung Charlton Athletic vs. Luton Town 0:0
Wurfgeschoss .... Vordere Hälfte einer toten Katze

•••

Opfer Oliver Kahn, FC Bayern München .... 12. April 2000
Begegnung SC Freiburg vs. FC Bayern München 1:2
Wurfgeschoss .... Golfball

•••

Opfer Wie durch ein Wunder keine .... 6. Mai 2001
Begegnung Inter Mailand vs. Atalanta Bergamo 3:0
Wurfgeschoss .... Brennende Vespa • von Oberrang auf Unterrang

•••

Opfer Luis Figo, Real Madrid .... 23. November 2002
Begegnung FC Barcelona vs. Real Madrid 0:0
Wurfgeschoss .... Spanferkel-Kopf

•••

Opfer Jesús Téllez Sánchez, Schiedsrichter .... 7. Oktober 2003
Begegnung CD Castellón vs. FC Valencia ... beim Stand von 1:1 abgebrochen
Wurfgeschoss .... Handy-Akku

•••

Opfer Wolfgang Wolf, Trainer 1. FC Nürnberg .... 24. November 2003
Begegnung Alemannia Aachen vs. 1. FC Nürnberg ..... 1:0 • nicht gewertet
Wurfgeschoss .... Gefüllter Bierbecher

•••

Opfer Anders Frisk, Schiedsrichter .... 15. September 2004
Begegnung AS Rom vs. Dynamo Kiew .... abgebrochen • 0:3 gewertet
Wurfgeschoss .... Münze

Opfer Dida, AC Mailand .... 12. April 2005
Begegnung Inter Mailand vs. AC Mailand beim Stand von 0:1 abgebrochen
Wurfgeschoss .... Petarde (Eisenbehälter, mit Schwarzpulver gefüllt)

•••

Opfer Der Linienrichter .... 22. Oktober 2006
Begegnung FC Valencia vs. CA Osasuna 1:0
Wurfgeschoss .... Lakritzstange

• SCHRAUBSTOLLEN •

Bei der WM 1954 trugen die Spieler der deutschen Nationalmannschaft erstmals in einem großen Turnier Schuhe, deren Stollen nicht genagelt, sondern geschraubt wurden. Sie konnten also die Stollenlänge dem jeweiligen Wetter anpassen. Die Firmen Adidas und Puma konkurrieren heute um den Ruhm, die Schraubstollen auf den Markt gebracht zu haben. Puma will schon Monate vor der WM für eigene Schraubstollenschuhe geworben haben, die auch bereits von Spitzenspielern getragen worden seien. Die Schuhe der Nationalspieler hatte jedoch Adolf Dassler, der Gründer von Adidas, entworfen. Manfred Bok aus Mengen, damals 24 Jahre alt, fertigte die Stollen im Auftrag Dasslers aus Aluminium. Er feilte die Stollen so spitz und schmal zu, wie es im Reglement gerade noch erlaubt war. Heute wären die Stollen, mit denen Deutschland 1954 Weltmeister wurde, wegen Verletzungsgefahr verboten. Es sind folgende Maße üblich: ....

Weiche Oberflächen Zwei Stollen à 16 mm (hinten) und vier Stollen à 13 mm (vorne) oder sechs Stollen à 16 mm Länge ....

Kunstrasen Zwei Stollen à 16 mm und vier Stollen à 13 mm oder sechs Stollen à 13 mm Länge ....

Harte Oberflächen Sechs Stollen à 13 mm ....

Tiefe Oberflächen Sechs Stollen à 17 mm ....

WELTPOKALSIEGER

Der Weltpokalsieger wurde von 1960 bis 2004 ermittelt, und zwar zwischen dem Gewinner der europäischen Champions League (bzw. des Europapokals der Landesmeister) und dem Gewinner der südamerikanischen Copa Libertadores. Am 12. Dezember 2004 wurde er zum letzten Mal ausgespielt. 2005 wurde der Weltpokal durch eine Klub-Weltmeisterschaft ersetzt.

Jahr	Gewinner	Endstand	Gegner
2004	FC Porto	8:7 n.E.	Once Caldas
2003	Boca Juniors, Buenos Aires	4:2 n.E.	AC Mailand
2002	Real Madrid	2:0	Olimpia Asunción
2001	FC Bayern München	1:0 n.V.	Boca Juniors, Buenos Aires
2000	Boca Juniors, Buenos Aires	2:1	Real Madrid
1999	Manchester United	1:0	Palmeiras São Paulo
1998	Real Madrid	2:1	CR Vasco da Gama
1997	Borussia Dortmund	2:0	Cruzeiro Belo Horizonte
1996	Juventus Turin	1:0	River Plate, Buenos Aires
1995	Ajax Amsterdam	4:3 n.E	Gremio Porto Alegre
1994	Vélez Sarsfield	2:0	AC Mailand
1993	FC São Paulo	3:2	AC Mailand
1992	FC São Paulo	2:1	FC Barcelona
1991	Roter Stern Belgrad	3:0	Deportivo Colo-Colo
1990	AC Mailand	3:0	Olimpia Asunción
1989	AC Mailand	1:0 n.V.	Nacional Medellin
1988	Nacional Montevideo	7:6 n.E.	PSV Eindhoven
1987	FC Porto	2:1 n.V.	Penarol Montevideo
1986	River Plate, Buenos Aires	1:0	Steaua Bukarest
1985	Juventus Turin	6:4 n.E.	Argentinos Buenos Aires
1984	Independiente Buenos Aires	1:0	FC Liverpool
1983	Gremio Porto Alegre	2:1 n.V.	Hamburger SV
1982	Penarol Montevideo	2:0	Aston Villa
1981	Flamengo Rio de Janeiro	3:0	FC Liverpool
1980	Nacional Montevideo	1:0	Nottingham Forest

1979	Olimpia Asunción	2:1 • 1:0	.... Malmö FF
1978	nicht ausgetragen	....	....
1977	Boca Juniors, Buenos Aires	2:2 • 3:0	Borussia Mönchengladbach
1976	FC Bayern München	2:0 • 0:0	... Cruzeiro Belo Horizonte
1975	nicht ausgetragen	....	....
1974	Atlético Madrid	3:0 • 0:1	Independiente Buenos Aires
1973	Independiente Buenos Aires	1:0	.... Juventus Turin
1972	Ajax Amsterdam	3:0 • 1:1	Independiente Buenos Aires
1971	Nacional Montevideo	2:1 • 1:1	...... Panathinaikos Athen
1970	Feyenoord Rotterdam	1:0 • 2:2	... Estudiantes Buenos Aires
1969	AC Mailand	3:0 • 1:2	... Estudiantes Buenos Aires
1968	Estudiantes Buenos Aires ...	2:0 • 2:1	.... Manchester United
1967	Racing Buenos Aires	0:1 • 1:0 • 2:1	.... Celtic Glasgow
1966	Penarol Montevideo	2:0 • 2:0	.... Real Madrid
1965	Inter Mailand	3:0 • 0:0	Independiente Buenos Aires
1964	Inter Mailand	0:1 • 1:0 • 2:0	Independiente Buenos Aires
1963	FC Santos	4:2 • 2:4 • 1:0	.... AC Mailand
1962	FC Santos	3:2 • 5:2	.... Benfica Lissabon
1961	Penarol Montevideo	0:1 • 2:1 • 5:0	.... Benfica Lissabon
1960	Real Madrid	5:1 • 0:0	.... Penarol Montevideo

• DER DOPPELTE SEPP •

In den Neunzigerjahren tauchte im Namen von Joseph Blatter, dem späteren Präsidenten des Fußball-Weltverbandes Fifa, plötzlich ein „S." auf: Joseph S. Blatter. Es wurde allerorten lange gerätselt, was das „S." wohl zu bedeuten haben könnte, viele rätseln bis zum heutigen Tag. Die Lösung ist so erstaunlich wie einfach: Das „S." steht für Sepp. Da die Kurz- oder Koseform von Joseph ebenfalls Sepp ist, handelt es sich beim Fifa-Präsidenten Joseph S. Blatter um einen doppelten Sepp ....

PANENKAS BART

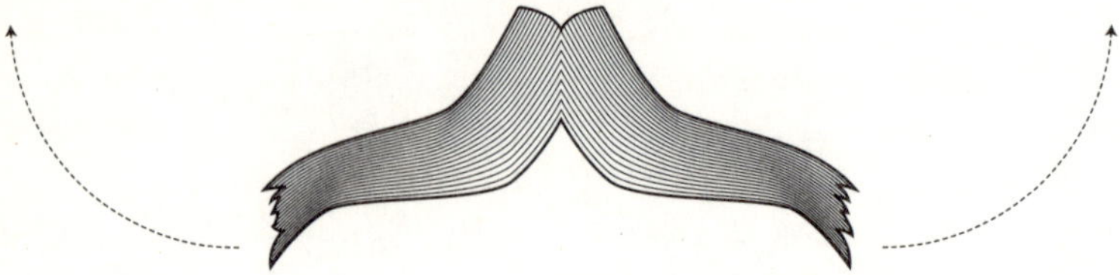

Antonin Panenka (geboren 1948) ist einer der Männer, die aussehen, als seien sie mit Schnauzbart auf die Welt gekommen. Im EM-Finale 1976, das Tschechien gegen Deutschland im Elfmeterschießen gewann, trat Panenka an zum letzten Schuss. Er lupfte den Ball in die Tormitte, es war der lässigste Elfmeter der EM-Geschichte. Als der Ball ins Tor flog, hoben sich die Enden von Panenkas mächtigem Schnauzbart.

DER SCHWEIZER RIEGEL

Der Autor Richard Reich hat einmal in der Neuen Zürcher Zeitung bemerkt, der Schweizer Riegel sei eine zu Fußball gewordene Panzersperre. Das ist in der Tat exzellent formuliert. Denn als die Schweiz mit dem vom Österreicher Karl Rappan erfundenen, sehr defensiven Spielsystem 1938 Nazi-Deutschland besiegte, galt der Riegel schnell als Symbol für die Schweizer Wehrkraft. Rappan trainierte die Nationalmannschaft sowie Servette Genf und den Grasshopper-Club Zürich. Der Begriff „defensiv" ist aus heutiger Sicht allerdings relativ zu sehen. Damals spielten die Mannschaften äußerst offensiv, Rappans Riegel galt als defensiv, weil er bisweilen nur fünf Angreifer vorsah. Mit Rappan hielt das Denken in den Fußball Einzug, dass das Toreverhindern ebenso wichtig ist, wie das Erzielen von Toren. In Italien entwickelte sich in den sechziger Jahren auf Grundlage des Schweizer Riegels der gefürchtete Catenaccio, der als Feind der Schönheit galt ....

WEITE REISE III

Bisher größte Distanz im Uefa-Cup.

1996/97 .... 4.874 km

CD Teneriffa Spanien vs. Maccabi Tel Aviv Israel ....

REKORDMEISTER IN KIRGISTAN

Selmashevets Frunze ehemals Torpedo Frunze	Titel 14
Instrumentalshchik Frunze	Titel 8
Stadtauswahl Frunze	Titel 6
Dordoi-Dynamo Naryn	Titel 6
Spartak Frunze	Titel 5
Dinamo Frunze	Titel 4
Alga Kalininskoye	Titel 4
Burevestnik Frunze	Titel 3
SKA-PVO Bischkek	Titel 3
CAG-Dinamo Bischkek	Titel 3
Kant-Oil Kant	Titel 2
Alga Bischkek	Titel 2
Zhashtyk Ak Altyn Kara-Suu	Titel 1
SKIF Frunze	Titel 1
Elektrik Frunze	Titel 1

Kirgistan ist eine Gebirgsrepublik in Mittelasien mit rund fünf Millionen Einwohnern. Die größte Stadt des Landes ist Bischkek (ehemals Frunze, 766.400 Einwohner).

BOMBER DER NATION VII

Spieler	Land	Ligaspiele	Tore
Arsenio Erico	Argentinien	332	**293**

Independiente Buenos Aires 1934–1946

CA Huracán 1947

• STERNE AUF DER BRUST V •

Ein Weltmeister erhält pro Titel einen Stern auf dem Trikot.

Nationalmannschaft	Sterne	Weltmeister
Brasilien	5	1958 1962 1970 1994 2002
Italien	4	1934 1938 1982 2006
Deutschland	3	1954 1974 1990
Argentinien	2	1978 1986
Uruguay	2	1930 1950
England	1	1966
Frankreich	1	1998

• NACH FUSSBALLERN BENANNT •

Fritz-Walter-Wetter Benannt nach dem Kapitän der deutschen Mannschaft, dem man nachsagte, er spiele bei Regen am besten ....
Fritz-Walter-Rot Spezielles Rot ....
Fritz-Walter-Stadion Stadion des 1. FC Kaiserslautern ....
Seppl-Herberger-Sportanlage (sic) Anlage in Mannheim-Waldhof
Sepp-Herberger-Stadion Stadion in Weinheim (Bergstraße) ....
Sepp-Herberger-Grundschule Schule in Weinheim-Hohensachsen
ICE Sepp Herberger Zug der Deutschen Bahn ....
Max-Morlock-Platz Platz in Nürnberg ....
Keane Bar Bar auf den Kanarischen Inseln, nach Roy Keane ....
Beckham Bar Bar auf den Kanarischen Inseln, nach David Beckham
Rooney Bar Bar auf den Kanarischen Inseln, nach Wayne Rooney
Guiseppe-Meazza-Stadion Mailänder Stadion, benannt nach Guiseppe „Peppino" Meazza ....
Gerhard-Hanappi-Stadion Stadion des SV Rapid Wien ....
Richard-Hofmann-Stadion Stadion in Meerane (Sachsen), benannt nach einem Meeraner Fußballer ....
Adolf-Jäger-Kampfbahn Arena im Bahrenfelder Klinkermeer, benannt nach Altonas größtem Fußballer ....

Ernst-Happel-Stadion Größtes Stadion in Österreich ....
Karl-Voitl-Park Spielplatz in Wien, benannt nach dem Fußballer Karl Friedrich Voitl (1936–2001) ....
Zidane-Platz Kunstrasenplatz in Ost-Timor zur Entwicklung des Jugendfußballs der Region, nach Zinédine Zidane ....
Bobby Moore Bridge Brücke nahe dem Londoner Wembley Park ...
Eusébio Flugzeug der Fluglinie Tap Air Portugal ....
Bimbo-Binder-Promenade Straße in St. Pölten, benannt nach dem österreichischen Fußballer und Trainer Franz „Bimbo" Binder ......
Matthias-Sindelar-Turnier Fußballturnier im Wiener Bezirk Favoriten, benannt nach dem „Fußballer des Jahrhunderts" in Österreich
Effe-Finger Benannt nach dem Mittelfinger von Stefan Effenberg ...
Den Andi Möller machen Jargon für bereits im Jugendfußball gängige Schwalbentechnik ....
Tante-Käthe-Frisur Benannt nach Rudi Völler ....
Thonträger Mini-Album der Band Sportfreunde Stiller, benannt nach Olaf Thon ....
Ich Roque Rocksong der Band Sportfreunde Stiller, benannt nach Roque Santa Cruz ....
Jdm. eine lellen Ohrfeigen, benannt nach Christian Lell ....
Briegel Garage-Punk-Band, nach Hans-Peter Briegel ....
Bratseth Band, nach Rune Bratseth ....
Edson Band aus Gävle, Schweden, nach dem Vornamen von Pelé (Edson Arantes do Nascimento) ....
Enzo Masudi Sohn des Fußballspielers Alain Masudi, benannt nach Enzo Scifo ....
Bismarck Berliner Nachwuchssänger, nach ghanaischem Fußballer (nicht nach gleichnamigem Reichskanzler) ....
Englische Kevins Nach Kevin Keegan ....
Busby Babes Die Mannschaft von Manchester United zwischen 1952 und 1958, benannt nach dem Erfolgstrainer Sir Matthew Busby ....

• DAS DRECKIGE DUTZEND •

Am 29. April 1978 absolvierte der 28-jährige Peter Endrulat sein siebtes und letztes Bundesligaspiel als Torhüter von Borussia Dortmund. Er hatte gegen Mönchengladbach zwölf Gegentore kassiert, sauber verteilt: sechs in der ersten, sechs in der zweiten Halbzeit. Sein Rekord ist bis heute ungebrochen.

1:0 .... 1. Minute • Torschütze Heynckes
2:0 .... 12. Minute • Torschütze Heynckes
3:0 .... 13. Minute • Torschütze Nielsen
4:0 .... 22. Minute • Torschütze Del'Haye
5:0 .... 32. Minute • Torschütze Heynckes
6:0 .... 38. Minute • Torschütze Wimmer
7:0 .... 59. Minute • Torschütze Heynckes
8:0 .... 61. Minute • Torschütze Nielsen
9:0 .... 66. Minute • Torschütze Del'Haye
10:0 .... 77. Minute • Torschütze Heynckes
11:0 .... 87. Minute • Torschütze Lienen
12:0 .... 90. Minute • Torschütze Kulik

• DAVID BECKHAM UND DAS GELD •

Aus der offiziellen Gehaltsliste von L.A. Galaxy, Saison 2008.

Brandon McDonald Mittelfeld .... Dollar/Jahr 12.900
Ante Jazić Abwehr .... Dollar/Jahr 120.250
David Beckham Mittelfeld .... Dollar/Jahr 6.500.000,04

• AMERIKA •

Lothar Matthäus' Antrittsrede bei den New York Metro Stars, März 2000.

I have little problems with the language, my English is not very good. My German is better. And I hope in the next months I can learn English for understand all questions. And I hope we have a little bit lucky and can win next year the American soccer championships ....

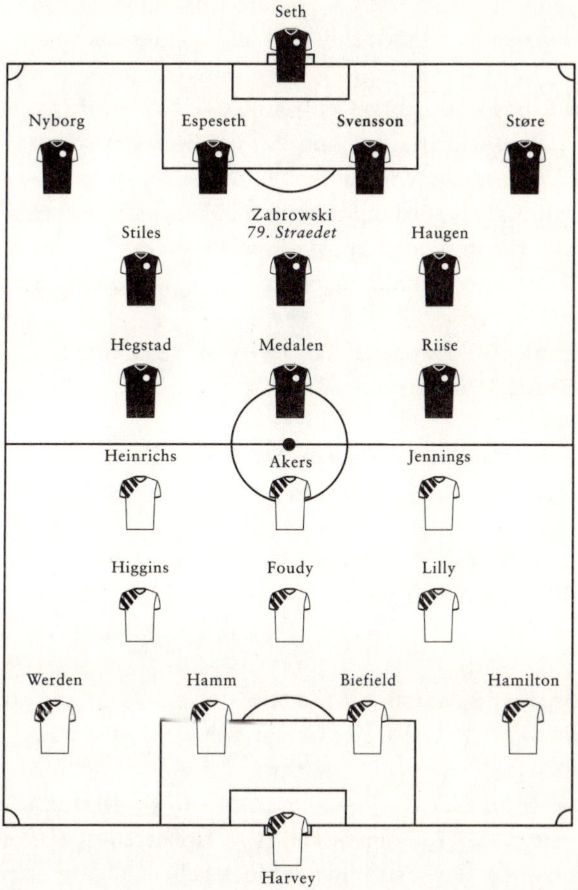

30. November 1991 • Norwegen vs. USA 1:2 • Tianhe Stadium, Guangzhou • Zuschauer 63.000 • Schiedsrichter: Zhuk, Bulgarien • Linienrichter: Jonsson, Schweden/ Regus, Deutschland ....

0:1 *Akers* 20. Minute • 1:1 *Medalen* 29. Minute • 1:2 *Akers* 78. Minute.

Vinnie Jones 1988 • FC Wimbledon **Strafe** Ermahnung **Grund** Drohte, Kenny Dalglish das Ohr abzubeißen und „in das Loch zu spucken".

•••

Roberto Rojas September 1989 • Deportivo Colo-Colo **Strafe** Lebenslange Sperre, zudem wurde Chile von zwei Weltmeisterschaften ausgeschlossen **Grund** Der chilenische Nationaltorwart brach bei einem WM-Qualifikationsspiel in Brasilien blutend zusammen, weil er vorgeblich von einem Wurfgeschoss getroffen worden war. Er hatte sich jedoch selbst einen Schnitt zugefügt ....

•••

Diego Armando Maradona März 1991 • SSC Neapel **Strafe** 15 Monate Sperre **Grund** Drogenmissbrauch ....

•••

Vinnie Jones Januar 1992 • FC Chelsea **Strafe** Euro 2.250 **Grund** Obszöne Gesten, gerichtet an die Fans von Arsenal London ....

•••

Vinnie Jones September 1992 • FC Wimbledon **Strafe** Sechs Monate Sperre, Euro 30.000 **Grund** Sein Video „Soccer's Hard Men" bringt den Fußball in Verruf ....

•••

Diego Armando Maradona Juni 1994 • Argentinien **Strafe** Sofortiger Ausschluss vom WM-Turnier **Grund** Ephedrin-Missbrauch ....

•••

Liam Daish Dezember 1994 • Birmingham City **Strafe** Drei Spiele Sperre **Grund** Feierte das Tor zum 4:0 eines Mitspielers gegen Chester mit einer Trompete, die er sich im Fanblock geliehen hatte ....

•••

Eric Cantona Januar 1995 • Manchester United **Strafe** Neun Monate Sperre und eine zweiwöchige Gefängnisstrafe wegen Körperverletzung (später umgewandelt in 120 Tage Sozialdienst) **Grund** Kung-Fu-Kick gegen einen Fan während des Spiels gegen Crystal Palace .....

Vinnie Jones Oktober 1995 • FC Wimbledon **Strafe** Vorladung, Verfahren eingestellt **Grund** Biss in die Nase eines Journalisten ....

•••

Luigi Coluccio November 1995 • FC Gioisa Jonica, Italien (Serie C) **Strafe** Ein Spiel Sperre **Grund** Rote Karte im Spiel gegen FC Bocal **Besonderheit** Coluccio war fünf Tage nach der roten Karte und neun Tage vor der zur Sperre führenden Verhandlung vor seiner Bar erschossen worden; gesperrt wurde also ein Toter ....

•••

Stan Collymore Februar 2000 • Leicester City **Strafe** Zwei Wochen Sperre **Grund** Spritzte während des Trainingslagers im spanischen Ferien-Resort La Manga mit einem Feuerlöscher herum ....

•••

Edgar Davids April 2001 • Juventus Turin **Strafe** Fünf Monate Sperre, Euro 50.000 **Grund** Einnahme des Dopingmittels Nandrolon ....

•••

Claudio Caniggia Juni 2002 • Argentinien **Strafe** Zwei Spiele Sperre **Grund** Rote Karte im WM-Spiel gegen Schweden (1:1) wegen Nörgelns (saß dabei auf der Bank) ....

•••

Roy Keane Oktober 2002 • Manchester United **Strafe** Fünf Spiele Sperre, Euro 225.000 **Grund** Seine Autobiografie „Keane", in der er zugibt, ein äußerst schweres Foul an Alf Inge Haaland von Manchester City mit Vorsatz begangen zu haben, bringt den Fußball in Verruf ...

•••

Rio Ferdinand Januar 2004 • Manchester United **Strafe** Acht Monate Sperre, Euro 72.000 **Grund** Hatte Ende September 2003 einen vorher angekündigten Dopingtest verpasst ....

•••

Adrian Mutu Oktober 2004 • FC Chelsea **Strafe** Sieben Monate Sperre **Grund** Einnahme von Kokain ....

• KLEINE LIGA •

Auf den Scilly-Inseln (vor Cornwall) bestreiten zwei Klubs in der wohl kleinsten Liga der Welt nicht nur eine Meisterschaft in zwanzig Begegnungen, sie spielen auch zwei verschiedene Pokale aus. Es sind die Woolpack Wanderers und die Garrison Gunners ....

• ABSTÜRZE •

4. Mai 1949 Auf dem Rückflug aus Lissabon, wo ein Wohltätigkeitsturnier stattfand, kommt eine Maschine der Alitalia vom Weg ab, streift die Basilica Superga außerhalb Turins und stürzt ab. An Bord: die gesamte Mannschaft des AC Turin, genannt „Il Grande Torino". Keine Überlebenden. Die Jugendmannschaft des Vereins beendet die Saison und sichert den Meistertitel ....
6. Februar 1958 Auf dem Rückflug vom Halbfinalspiel des Europapokals der Pokalsieger in Belgrad (3:3) landet die Mannschaft von Manchester United mit Flug BE 609 in München/Riem um aufzutanken. Beim Start gerät die Maschine in einen Sturm und stürzt ab. Unter den Toten: acht Spieler von Manchester United, 35 Offizielle und Journalisten ....
16. Juli 1960 Kurz nach dem Start am Kopenhagener Flughafen Kastrup verunglückt die Maschine der dänischen Nationalmannschaft. Sie war auf dem Weg zu einem Trainingslager anlässlich der Olympischen Spiele in Rom. Acht Spieler kommen ums Leben ....
3. April 1961 24 Spieler des chilenischen Erstligisten Green Cross Club sind auf dem Weg von Santiago, wo die Play-offs des Chile-Pokals stattfanden, nach Orsono. Ihre Maschine stürzt im Las-Lastimas-Gebirge ab. Keine Überlebenden ....
26. September 1969 Der bolivianische Erstligist „The Strongest La Paz" stürzt mit einer Linienmaschine in einem Schneetreiben über den Anden ab. An Bord: 25 Spieler, Trainer, Offizielle. Keine Überlebenden ....

31. Dezember 1970 Die Firmenmannschaft der Air Liquide aus Algier kommt um, als ihre Maschine auf dem Weg nach Spanien zu einem Freundschaftsspiel ins Mittelmeer stürzt ....
8. Dezember 1987 Auf dem Rückweg von einem Punktspiel stürzt die Mannschaft des peruanischen Erstligisten Alianza Lima in die See. Zehn Kilometer vor Lima war die Maschine in Nebel geraten. An Bord: 17 Spieler, vier Trainer, sechs Offizielle, drei Schiedsrichter, acht Fans und fünf Crewmitglieder. Keine Überlebenden .....
7. Juni 1989 14 Spieler der Auswahl Surinams sterben in einer aus Holland kommenden Maschine bei der Landung auf dem Flughafen von Paramaribo. Der Pilot hatte in starkem Nebel die Kontrolle verloren und einen Wald gestreift ....
27. April 1993 Kurz vor Mitternacht verschwindet ein Flugzeug im Atlantik, vor der Küste von Gabun. Beim Absturz kommt die gesamte Nationalmannschaft Sambias ums Leben. Die Toten werden außerhalb des Stadions Independence in Lusaka begraben ....

• JENAER REGEL •

1896 wurde in den „Jenaer Regeln“ festgelegt, dass beim Fußball in Deutschland die Spielfläche frei von Bäumen und Sträuchern sein muss ....

• TISCHFUSSBALL IN LONDON •

Café Kick .... 43 Exmouth Market, EC1
Freedom & Firkin .... 196 Tooting High Street, SW17
John Bull .... 590 Chiswick High Road, W4
The Barley Mow .... 9 Heathfield Terrace, W4
Purple Turtle .... 61–65 Crowndale Road, N1
Bar Kick .... 127 Shoreditch High Street, EC1

• IM EINSATZ MEHRERER NATIONEN •

John Hawley Edwards War der Erste. Spielte 1876 für Wales, obwohl er zuvor (1874) bereits für England gegen Schottland gespielt hatte ...
Ferenc Puskás Spielte auf Wunsch des Diktators Franco für Spanien, obwohl er im ungarischen Team berühmt geworden war ....
Alfredo di Stéfano Spielte ebenfalls auf Wunsch des Diktators Franco für Spanien, zuvor für sein Heimatland Argentinien ....
Juri Nikiforow • Akhrik Tsveiba Gaben beide ihr Debüt für die GUS, traten danach sowohl für die Ukraine als auch für Russland an.
Josef Bican Stand im Aufgebot Österreichs und der Tschechoslowakei, absolvierte zudem ein Spiel für Morawien, eine Provinz der heutigen Tschechischen Republik, die seinerzeit von den Nazis „befreit" worden war, wie diese es nannten ....
Ulf Kirsten • Matthias Sammer • Thomas Doll • Andreas Thom • Dariusz Wosz • Olaf Marschall • Heiko Scholz • Dirk Schuster Spielten für die DDR und für die BRD ....
Robert Jarni • Robert Prosinecki Jugoslawien und Kroatien ....
Lubomir Moravcik • Dusan Tittel Tschechoslowakei, Slowakei .....
Luis Felipe Monti Stand in zwei WM-Endspielen für zwei verschiedene Länder. Verlor 1930 mit Argentinien (2:4 gegen Uruguay), gewann 1934 mit Italien (2:1 gegen die Tschechoslowakei) ....
Stan Mortensen Gab sein Debüt 1943 für Wales gegen England, obwohl er Engländer war. Weil den Engländern durch Verletzungen während der Partie die Spieler ausgingen, lief Mortensen in der zweiten Halbzeit für England auf ....

• REGELKUNDE X •

Offizielle Regeln des Deutschen Fußball-Bundes, aus Regel 10 (Wie ein Tor erzielt wird).
Die Mannschaft, die während des Spiels die meisten Tore erzielt hat, hat gewonnen. Wenn jede Mannschaft keine oder die gleiche Anzahl von Toren erzielt hat, gilt das Spiel als unentschieden ....

DU WARST DEUTSCHLAND

Es gehörte 2006 zum guten Ton in Deutschland, sich über das WM-Maskottchen Goleo VI zu empören. Dabei ging es darum, dass Goleo keine Hose trug, dass er sich mit einem Fußball unterhielt, und dass er seinen Mund stets geöffnet trug wie eine Sexpuppe. Das Wesentliche an Goleo aber hatte – wer sonst? – Franz Beckenbauer erkannt. Anlässlich einer Fußballkonferenz in München, bei der Goleo gewohnt hosenlos die Bühne betrat, stellte Beckenbauer erfreut fest: „Der hat 5.000 Grad da drin, der Student." Besser kann man es nicht sagen, und deshalb gilt: Du, lieber unbekannter Student, der du während der WM an allen Orten des Landes im Kostüm des Goleos stecktest, du warst wirklich Deutschland ....

DIE SPIELKLEIDUNG

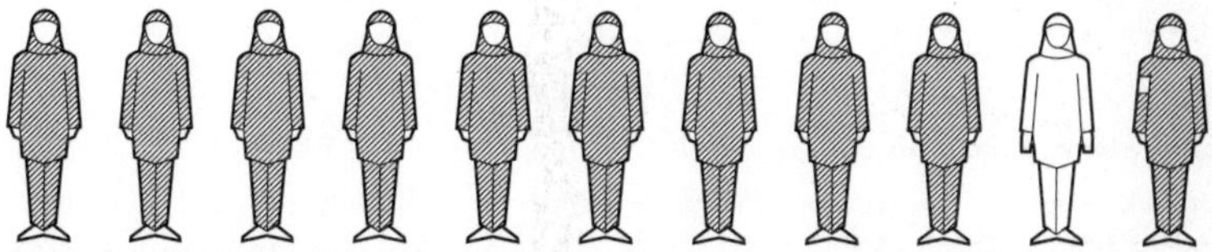

Frauenfußball im Iran hat eine lange Tradition. Die Spielkleidung entspricht den islamischen Bekleidungsvorschriften: Kopftuch, knielanger Mantel, lange Hosen.

POLIZEILICH VERBOTEN

Zur WM 2006 hat man sich im Innenministerium überlegt, dass auch die Polizei während des Turniers einen guten Eindruck machen sollte und den Beamten Einiges verboten.
Unrasiertes Auftreten (insbesondere Drei-Tage-Bart) • Individualistische Haargestaltung, z.B. Lagerfeld-Zopf • Sichtbare Piercings, auch Mundpiercings • Sichtbare Tätowierungen • Mehr als eine Halskette • Mehr als ein Armband • Mehr als ein Freundschaftsband • ***Polizistinnen:*** Ohrstecker von mehr als 5 Millimetern Größe.

DIE ELF WELTFUSSBALLER DES JAHRHUNDERTS

Die Weltfußballer des Jahrhunderts wurden im Jahr 2000 von der – allerdings dubiosen – Internationalen Föderation für Fußball-Geschichte und Statistik per Wahl ermittelt.

Edson Arantes do Nascimento *Pelé* .... Brasilien
Hendrik Johannes Cruyff .... Holland
Franz Beckenbauer .... Deutschland
Alfredo di Stéfano .... Argentinien
Diego Armando Maradona .... Argentinien
Ferenc Puskás .... Ungarn
Michel Platini .... Frankreich
Manoel dos Santos *Garrincha* .... Brasilien
Eusébio Ferreira da Silva .... Portugal
Sir Robert Charlton .... England
Sir Stanley Matthews .... England

FUSSBALL UND MUSIK VII

Zur Melodie von „You Are My Sunshine“ (Jimmy Davis und Charles Mitchell). Einst zu hören auf den Rängen von Old Trafford, Manchester United.

„You are my Solskjær – My Ole Solskjær – You make me happy – When skies are grey – And Alan Shearer – Was f**king dearer (kostspieliger) – So please don't take – My Solskjær away.“ ....

ASERBAIDSCHAN 2003/04

Umid Baku war in arge finanzielle Probleme geraten, wie am 7. Juni 2003 erstmals in Aserbaidschan bekannt wurde. Rund fünf Wochen später, am 14. Juli, erschien die Mannschaft einfach nicht zum Spiel gegen Bakili Baku. Da Nicht-Erscheinen in der ersten Liga eines Landes eher unüblich ist, wurde Umid Baku am 21. Juli vom Spielbetrieb ausgeschlossen. Bis dahin hatte Umid Baku acht Spiele bestritten, in denen der Klub fünf Punkte sammelte und eine Tordifferenz von 7:20 zustande brachte. Mit dem Ausschluss wurden diese Spiele annulliert. Karabach Agdam trägt seine Heimspiele in Sumgayit aus. Hazar Universiteti Baku trägt seine Heimspiele in Zabrat aus. Lokomotive Imisli wurde nach dem 15. Spieltag ausgeschlossen. Die verbleibenden Partien wurden allesamt 0:3 gegen Imisli gewertet. Kurz bevor der Spielplan für die Saison erstellt wurde, hatte der aserbaidschanische Fußball-Verband (Affa) überraschend Adliyya Baku zur ersten Liga zugelassen, obwohl der Klub nur Fünfter in der zweiten Liga geworden war (Nur die ersten beiden steigen auf, in diesem Jahr Lokomotive Imisli und Hazar Sumgayit). Aus Protest gab Hazar Universiteti bekannt, dass man nicht am Spielbetrieb teilnehmen werde. Am 20. Mai wurde der Platz von Hazar deshalb an Bakili Baku vergeben. Am 2. Juni entschloss sich Hazar, nun doch lieber mitspielen zu wollen, was freundlicherweise genehmigt wurde ....

01. Platz: Neftschi Baku	Spiele 26	Tore 66:15	Punkte 69
02. Platz: FK Schamkir	Spiele 26	Tore 67:11	Punkte 64
03. Platz: Karabach Agdam	Spiele 26	Tore 63:17	Punkte 60
04. Platz: Hazar Universiteti Baku ...	Spiele 26	Tore 43:16	Punkte 51
05. Platz: Dinamo Baku	Spiele 26	Tore 45:32	Punkte 41
06. Platz: Schafa Baku	Spiele 26	Tore 45:32	Punkte 41
07. Platz: Bakili Baku	Spiele 26	Tore 40:46	Punkte 34
08. Platz: MOIK Baku	Spiele 26	Tore 25:32	Punkte 29
09. Platz: Adliyya Baku	Spiele 26	Tore 27:40	Punkte 29
10. Platz: Schahdag Gusar	Spiele 26	Tore 29:41	Punkte 27
11. Platz: Kapaz Ganja	Spiele 26	Tore 22:45	Punkte 23
12. Platz: Hazar Sumgayit	Spiele 26	Tore 32:78	Punkte 22
13. Platz: Turan Tavuz	Spiele 26	Tore 15:59	Punkte 16
14. Platz: Lokomotive Imisli	Spiele 26	Tore 17:76	Punkte 12
15. Platz: Umid Baku	Spiele 0	Tore 0	Punkte 0

WM-Endspiel 1958 Brasilien vs. Schweden 5:2 ARD .... **Rudi Michel**

Erwähnenswert: erste Live-Übertragung eines WM-Endspiels im deutschen Fernsehen.

•••

WM-Endspiel 1962 Brasilien vs. Tschechoslowakei 3:1 ARD ..... **Rudi Michel**

Erwähnenswert: keine Live-Übertragung im deutschen Fernsehen. Michel kommentierte das Spiel in voller Länge nach, es wurde zwei Tage später im deutschen Fernsehen gezeigt.

•••

WM-Endspiel 1966 England vs. Deutschland 4:2 n.V. ARD .... **Rudi Michel**

•••

WM-Endspiel 1970 Brasilien vs. Italien 4:1 ZDF .... **Werner Schneider**

•••

WM-Endspiel 1974 Deutschland vs. Niederlande 2:1 ARD ..... **Rudi Michel**

Erwähnenswert: Michel beschuldigte Berti Vogts des Fouls an Johan Cruyff, das zum Elfmeter für Holland führte. Gefoult hatte Uli Hoeneß ....

•••

WM-Endspiel 1978 Argentinien vs. Niederlande 3:1 n.V. ZDF ... **Rolf Kramer**

•••

WM-Endspiel 1982 Italien vs. Deutschland 3:1 ARD .... **Rudi Michel**

•••

WM-Endspiel 1986 Argentinien vs. Deutschland 3:2 ZDF ...... **Rolf Kramer**

•••

WM-Endspiel 1990 Deutschland vs. Argentinien 1:0 ARD **Gerd Rubenbauer**

•••

WM-Endspiel 1994 Brasilien vs. Italien 3:2 n.E. ZDF .... **Marcel Reif**

•••

WM-Endspiel 1998 Frankreich vs. Brasilien 3:0 ARD **Heribert Faßbender**

Erwähnenswert: Faßbender zog ein erstes Fazit nach fünf Minuten ....

•••

WM-Endspiel 2002 Brasilien vs. Deutschland 2:0 ZDF .... **Béla Réthy**

•••

WM-Endspiel 2006 Italien vs. Frankreich 5:3 n.E. ARD .... **R. Beckmann**

Kein Fußballer wechselt seine Frisur so oft wie der Engländer David Beckham. Eine repräsentative Auswahl (vollständig kann sie niemals sein):

• All Tied Up •

Zwei Zöpfe
Einen oben auf dem Kopf
Einen hinten dran

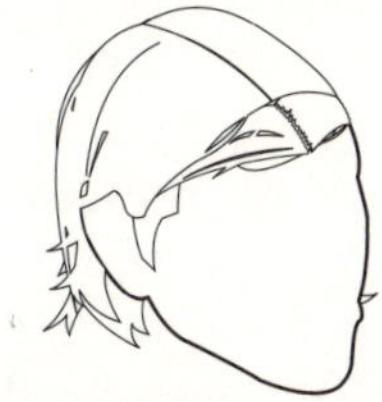

• Forlan •

Lange Haare
Mittelscheitel
Ganz wie der Uruguayer
Diego Forlan

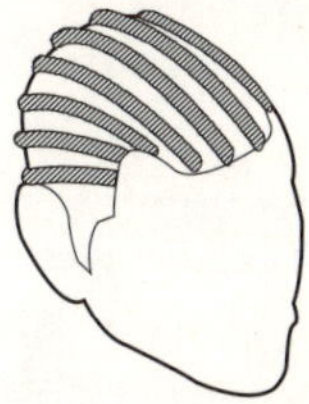

• Braid it like Beckham •

Viele geflochtene
Zöpfe
auf dem Kopf

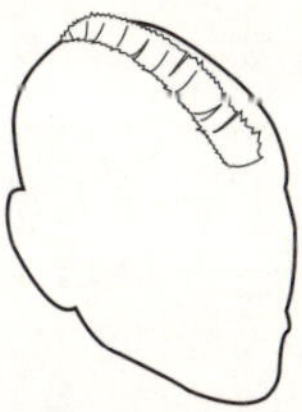

• Mohican Style •

Auf
deutsch:
Irokesenschnitt

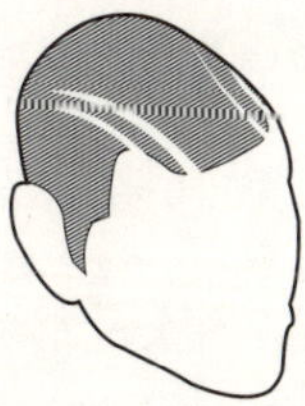

• Shaven Lines •

Zwei Linien
Sauber rasiert in die
Stoppeln

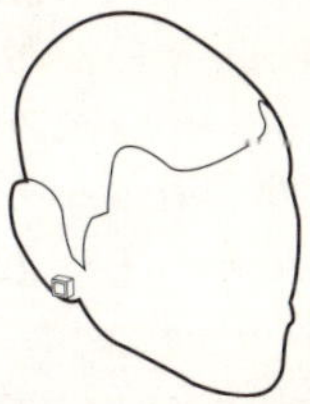

• Clean Shaven •

Rasierter
Kopf
Stoppelfrei

Vor dem Spiel

Josef Hickersberger: *Ich gebe es den Deutschen schriftlich, dass sie nicht ins Endspiel kommen*

Hans Krankl: *Wenn ich einen Deutschen seh', werd' ich zum Rasenmäher*

•••

Das Spiel

Edi Finger: *Meine sehr verehrten Damen und Herren, liebe Sportfreunde in der Heimat. Nun bitte Platz nehmen und das Reden für die nächsten fünfundvierzig Minuten einstellen. Das große Spiel (...) wird gleich beginnen! Wir wünschen der deutschen Mannschaft alles Gute, nur keinen Sieg. (...) Rummenigge Flanke in die Mitte hinein. Kurze Kopfabwehr von Pezzey. Also Pezzey ist im ersten Stock, ich meine, damit für die deutschen Hörer, oben, also im Hochparterre ist er der beste Österreicher*

Jetzt aber gleich die Deutschen. Und das ist gefährlich! Um Gottes Willen. Tooor. Tooor! 1:0 durch Rummenigge in der neunzehnten Minute. Also das haut natürlich eine Mannschaft schon irgendwie zusammen. Das kann sie aus dem Rhythmus bringen

Da kommt Krankl. Um Gottes Willen! Der Krankl vergibt eine zweihundertprozentige. I waas, des gibt's ned, mehr als hundert Prozent. (...) Damit also bleibt es vorläufig bei dem glücklichen 1:0 für die Deutschen. Und es wird ein frommer Wunsch bleiben. Ein Eigentor werden die Deutschen nicht schießen. Das kann man von ihnen auch wirklich nicht verlangen

Also, das deutsche Tor ist wie vernagelt, meine Damen und Herren. Wie mit Brettern vernagelt. Bittschön, Leiteln, reißt's euch zam in den zweiten fünfundvierzig Minuten. Es wäre doch gelacht – es kann doch gar ned sein, dass die Österreicher immer nur vom Pech verfolgt werden!

Herrliche Kombination, a wunderbarer Schuss – daneben. Wunderbare Kombination, herrlicher Schuss – daneben. So geht es ununterbrochen, also, des muss doch einmal aufhörn, ned wahr? ....
Immer wieder Hölzenbein! Hölzenbein war diesmal für Sara das Stolperbein. (...) Wir wollen auf alle Fälle die Gerechtigkeit. Die Gerechtigkeit, wo gibt's die schon? (...) Also so was von Chancen vermasseln. Meine Damen und Herren, das geht nicht einmal auf die berühmte Kuhhaut ....
Da kommt die Flanke rein. Tooor! Tooor! Tooor! Toooor! 1:1! Meine Damen und Herren, der arme Berti Vogts hat den Ball ins Netz gedrückt. 1:1 in der vierzehnten Minute, nach der Pause! 1:1! Wir wurden erhört. Wir wurden erhört! ....
Sara-Burli streichelt das Balli! Aber wir spielen heut' wirklich großartig. So, jetzt wieder! Das Leder bei ... schöne Möglichkeit, Krankl! Schuss, und jetzt Tooor! Tooor! Toooooor! Ich kann nicht mehr! Einundzwanzigste Minute! Krieger zu Krankl! Und der Krankl hat den Ball volley g'nommen! Überm Kopf! Unfassbar, was sich hier abspielt! Die paar Österreicher, die fallen einander um den Hals! Also 2:1 führt Österreich und zwar verdient. Da steht der Hansi, der Hansi-Burli. Der Noch-Hütteldorfer von der Vorwiesn. Also, sei Papa, der Straßenbahner, wird sich freuen! Und alle seine Freunde in Österreich ....
Also schöner kann man's gar nicht machen. Da, da, da fehlen mir die Worte, da müsst' ich ein Dichter sein, wenn ich das alles bringen würde. Und jetzt wird hier die Rapid-Viertelstunde eingeklatscht von 35.000 objektiven und auch sachkundigen Zuschauern! ....
Da kommt die Flanke in unseren Strafraum. Kopfball. Toooor! 2:2! Für die Deutschen! Hölzenbein war es. (...) Abramczik bekommt die gelbe Karte, weil er auf einen Österreicher, auf Prohaska, losgegangen ist. Aber das versteh' i gar ned. Der Prohaska ist doch a Waserl, der tut doch keiner Fliege was zuleide. Wie kann er dem

Abramczik etwas tun? (...) Ein Haken, noch ein Haken, ein Schuss! Koncilia hält! Da wird einem das Gruseln gelehrt. (...) Wieder kommt Krankl. Vorbei diesmal. Ist im Strafraum. Schuss – Toooor – Tooor – Tooor – Toooor – Toooor – Tooooooor! I wer' narrisch! Krankl schießt ein: 3:2 für Österreich! Meine Damen und Herren, wir fallen uns um den Hals, der Kollege Rippel, der Diplomingenieur Posch! Wir busseln uns ab! 3:2 für Österreich durch ein großartiges Tor unseres Krankl. Er hat alle überspielt! ....

Jetzt warten's noch ein bisserl, warten's noch a bisserl, dann können wir uns vielleicht a Vierterl genehmigen. Also, das, das musst miterlebt haben. Jetzt bin i aufgstandn! I glaub, jetzt ham mers gschlogn! (...) Eine Möglichkeit! Und? Daneben! Also der Abramczik! Abbusseln möcht' i den Abramczik dafür! Allein vor dem Tor stehend. Der brave Abramczik. Und danebengschossn! Der Arme wird sich ärgern. Noch dreißig Sekunden. 3:2 für Österreich. Nach siebenundvierzig Jahren, meine Damen und Herren. Eine Weltklassemannschaft, die da heute spielt! Mit 3:2 in Führung! I trau' mi scho gar nimmer hinschauen! ....

Fünfundvierzigste Minute. Und Prohaska haut den Ball ins Aus! Und jetzt ist auuus! ....

Ende! Schluss! Vorbei! Aus! Deutschland geschlagen! Nach siebenundvierzig Jahren! ....

•••

.... ***Nach dem Spiel*** ....

Hansi Krankl: *Steif wie ein Stock ist er gewesen, der Kaltz, der Herr Weltklasse-Libero. Zweimal hab' ich geschwänzelt, und dann war ich an ihm vorbei. Wo sind die Herren der Bildzeitung? Ihr habt's a Mordsglück ghabt, dass i net in Form war!* ....

FAZ: *1866: Preußen schlägt unter Moltke Österreich bei Königgrätz ... – jetzt haben Krankl & Co die Scharten ausgewetzt* ....

Viele Profis aus dem Ausland finden in der deutschen Bundesliga ihre fußballerische Heimat. Ohne sie wäre die Liga nicht die gleiche.

Sergej Barbarez Bosnien-Herzegowina .... Bundesligaspiele 330

Hamburger SV 174 / Bayer Leverkusen 61 / Hansa Rostock 59 / Borussia Dortmund 36

•••

Ole Bjørnmose Dänemark .... Bundesligaspiele 323

Hamburger SV 186 / Werder Bremen 137 ....

•••

Dédé Brasilien seit 2009 dt. Staatsbürger .... Bundesligaspiele 312*

Borussia Dortmund ....

•••

Pablo Thiam Guinea .... Bundesligaspiele 311

VfL Wolfsburg 117 / 1. FC Köln 89 / VfB Stuttgart 89 / FC Bayern München 16 ....

•••

Bum Kun Cha Südkorea .... Bundesligaspiele 308

SV Darmstadt 98 / 1. Eintracht Frankfurt 122 / Bayer Leverkusen 185 ....

•••

Hasan Salihamidzic Bosnien-Herzegowina .... Bundesligaspiele 306

Hamburger SV 72 / FC Bayern München 234 ....

•••

Zvonimir Soldo Kroatien .... Bundesligaspiele 301

VfB Stuttgart ....

•••

Miroslav Stevic Serbien .... Bundesligaspiele 271

VfL Bochum 21 / Dynamo Dresden 55 / Borussia Dortmund 91 / 1860 München 104 ...

•••

Ronnie Hellström Schweden .... Bundesligaspiele 266

1. FC Kaiserslautern ....

•••

* bis Januar 2010 ....

• AUF DER LINIE •

Der DFB hat schon 1982 empfohlen, bei der Linierung von Fußballfeldern nur vollständig abgebundenen Kalk zu verwenden, also Calciumcarbonat oder gemahlenen Kalkstein (bekannt als Kreide). Erlaubt sind in unteren Klassen auch Sägemehl, Steinmehl und Linienweiß. Meist wird Sportplatzkreide verwendet, die durch Ablagerung von Meeresalgen entstanden ist. Kaum auszuhalten, was alles passieren kann, wenn man den falschen Kalk benutzt. Der ungelöschte ist ohnehin aus dem Spiel, aber auch gelöschter Kalk steckt voller Gefahren. Mit Wasser reagierender gelöschter Kalk kann stark ätzend sein, was wirklich nicht gut für die Schleimhäute ist. Der Brite Robbie Fowler hat einmal so getan, als würde er die weiße Linie mit der Nase aufnehmen, wofür er vom britischen Verband mit einer ordentlichen Geldstrafe belegt wurde. Die Herren Funktionäre hatten nämlich sofort verstanden, dass Fowler das Schnupfen von Kokain andeutete. Dazu ist zu bemerken, dass nicht einmal in Kolumbien zur Linierung von Fußballfeldern Kokain verwendet wird

• EINIGE LÄNGERE ELFMETERSCHIESSEN •

48 Elfmeter 23. Januar 2005 • **KK Palace vs. Civics** • Ergebnis 2:2 • **Im Elfmeterschießen 17:16** • Namibischer Pokal 2004/05 • **Erste Runde**

44 Elfmeter 20. November 1988 • **Argentinos Juniors vs. Racing Club Buenos Aires** • Ergebnis 2:2 • **Im Elfmeterschießen 20:19** • Argentinisches Ligaspiel **Saison 1988/89***

34 Elfmeter 28. November 1996 • **Gençlerbirligi SK vs. Galatasaray Istanbul** • Ergebnis 1:1 • **Im Elfmeterschießen 17:16** • Türkischer Pokal 1996/97 • **Achtelfinale** …

33 Elfmeter 09. Januar 2010 • **Hamburger SV vs. Besiktas Istanbul** • Ergebnis 0:0 • **Im Elfmeterschießen 17:16** • Antalya Cup 2010 • **Finale**

*** In der argentinischen Meisterschaft wurde nach Spielen, die unentschieden endeten, ein Elfmeterschießen ausgetragen. Der Sieger erhielt einen Extrapunkt.**

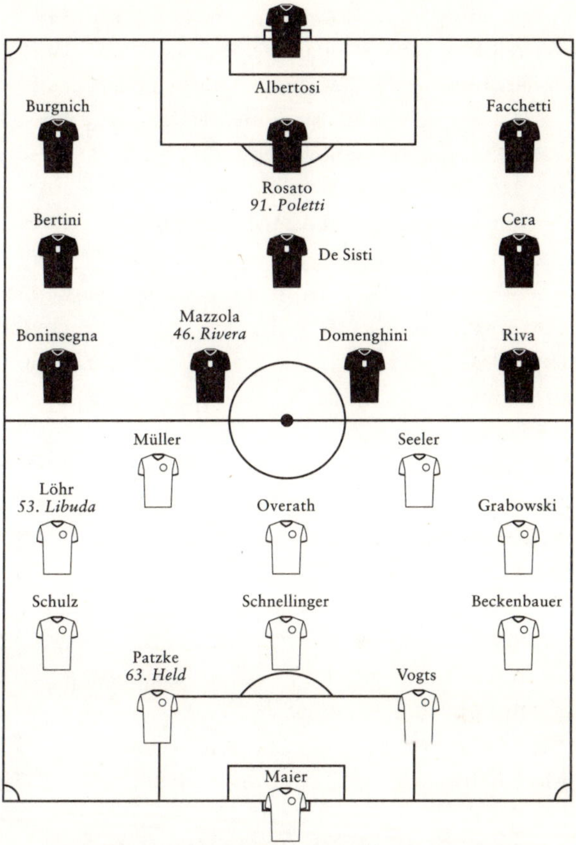

17. Juni 1970 • Italien vs. Deutschland 4:3 n.V. • Azteken-Stadion Mexiko-Stadt • Zuschauer 102.444 • Verwarnungen: De Sisti, Rosato, Domenghini, Müller, Overath • Schiedsrichter: Arturo Maldonado Yamasaki, Peru ....

1:0 *Boninsegna* 8. Minute • 1:1 *Schnellinger* 90. Minute • 1:2 *Müller* 94. Minute • 2:2 *Burgnich* 98. Minute • 3:2 *Riva* 104. Minute • 3:3 *Müller* 110. Minute • 4:3 *Rivera* 111. Minute.

ERINNERUNGSSTÜCKE

Offizielle Mannschaftsaufstellung England gegen Irland 1897	Euro	6.622
Kappe mit der Aufschrift: England World Cup 1966	Euro	54.131
Geoff Hursts rotes Trikot aus dem WM-Finale von 1966	Euro	132.090
Gordon Banks' Medaille aus dem WM-Finale von 1966	Euro	178.520
Pelés gelbes Trikot aus dem WM-Finale von 1970	Euro	227.109

AUTOGRAMMKARTEN

Preise für einen Satz Autogrammkarten in der Saison 2007/08 (ohne Versand).

Energie Cottbus	10,00 Euro
Hansa Rostock	10,00 Euro
Borussia Dortmund	10,00 Euro
Karlsruher SC	10,00 Euro
Arminia Bielfeld	09,95 Euro
Bayer Leverkusen	08,90 Euro
FC Schalke 04	08,95 Euro
VfL Bochum	08,50 Euro
Hamburger SV	07,50 Euro
FC Nürnberg	07,50 Euro
MSV Duisburg	07,50 Euro
VfL Wolfsburg	07,10 Euro
Werder Bremen	05,00 Euro
Bayern München	kostenlos

BOMBER DER NATION VIII

Spieler	Land	Ligaspiele	Tore
James E. McGrory	Schottland	unbekannt	410

Celtic Glasgow	1922–1923
FC Clydebank	1923–1924
Celtic Glasgow	1924–1938

ABWEHRFEHLER

Die Burton Brewers erlebten in der Saison 2000/01 in der West Midland Regional Women's Football League, Division One North, eine durchaus schwierige Zeit.

Wolverhampton United vs. Burton Brewers 3. September 2000 ... 18:0
Burton Brewers vs. Bescot 10. September 2000 .... 0:6
Burton Brewers vs. Shrewsbury Town Youth 24. September 2000 0:17
Burton Brewers vs. Crewe Vagrants 1. Oktober 2000 .... 2:13
Burton Brewers vs. Darlaston 22. Oktober 2000 .... 0:21
Burton Brewers vs. North Staffs 5. November 2000 .... 0:27
Burton Brewers vs. Willenhall Town 19. November 2000 .... 0:23
Crewe Vagrants vs. Burton Brewers 7. Januar 2001 .... 22:0
Burton Brewers vs. City of Stoke 14. Januar 2001 .... 1:14
Burton Brewers vs. Wem Raiders 18. Februar 2001 .... 0:16
Willenhall Town vs. Burton Brewers 4. März 2001 .... 57:0

Am 18. März 2001 hätten sie wieder antreten müssen, doch die Burton Brewers stellten den Spielbetrieb ein. Die letzte Niederlage mag doch etwas zu hoch ausgefallen sein.

NUMMERN

1939 wurden die Rückennummern 1–11 eingeführt, erst 1995 persönliche Nummern.

Torhüter 1
Rechter Verteidiger • Außenverteidiger 2
Linker Verteidiger • Außenverteidiger 3
Rechter Läufer • Innenverteidiger 4
Mittelläufer • Innenverteidiger 5
Linker Läufer • Mittelfeldspieler 6
Rechtsaußen 7
Halbrechts • Mittelfeldspieler 8
Mittelstürmer 9
Halblinks • Mittelfeldspieler 10
Linksaußen 11

• THE BEAUTIFUL GAME •

Diese Bezeichnung für den Fußball stammt nicht aus England, dem Heimatland des Spiels, sondern aus der im Mai 1977 erschienenen Autobiographie Pelés *My Life And The Beautiful Game* ....

• DAS SCHÖNSTE TOR •

Es ist der 22. Juni 1986, im Aztekenstadion zu Mexiko-Stadt läuft das Viertelfinale der WM 1986 zwischen Argentinien und England. Neun Minuten nach Anpfiff zur zweiten Hälfte passt Héctor Enrique zu Diego Armando Maradona, der den Ball in der eigenen Hälfte annimmt, zehn Meter vor der Mittellinie. Es steht 1:0, Maradona hat den Treffer mit der Hand erzielt. Später sagt er, es sei die Hand Gottes gewesen, die da gewirkt habe. Nun hat Maradona den Ball am Fuß, und ganz selbstverständlich beginnt er seinen Lauf in Richtung des englischen Tores, als wisse er, was in den kommenden zehn Sekunden passieren würde. Auf einer Strecke von 60 Metern umkurvt Maradona Glen Hoddle, Peter Reid, Kevin Sansom, dann Terry Butcher und Terry Fenwick, Statisten in einem der größten Momente des Fußballs. Schließlich lässt Maradona auch Torhüter Peter Shilton aussteigen und schiebt den Ball zum 2:0 ins Tor.

• EM-MASKOTTCHEN •

EM 1980	Italien	Holzpuppe ***Pinocchio***
EM 1984	Frankreich	Hahn ***Peno***
EM 1988	Deutschland	Hase, schwarz-weißes Trikot ***Berni***
EM 1992	Schweden	Hase, gelbes Trikot ***Dynamik***
EM 1996	England	Löwe ***Goaliath***
EM 2000	Belgien • Niederlande	Teufel ***Benelucky***
EM 2004	Portugal	Dorfjunge ***Kinas***
EM 2008	Österreich • Schweiz	Zwillinge ***Trix und Flix***

Am 03. Mai 2008 wurde der neue Manager der irischen Nationalmannschaft vorgestellt: Giovanni Trapattoni. Der Italiener hat in der Vergangenheit unter anderem in München und in Salzburg mit wunderbaren Reden geglänzt. Auch an seinem ersten Tag in Dublin erfüllte Trapattoni alle Erwartungen und hielt eine verwirrend schöne Rede, wie gewohnt in seiner ganz eigenen Sprache und seiner eigenen Grammatik. Die Iren, ein Volk der Musik und der Dichtung, haben ihn instinktiv verstanden.

We have trust, we work together, we work with friendly for Nationalteam. We have to friend be for our work. I am trust today. (…) We need. We must together work. I can continue also in the moment in Salzburg. My Präsident said „I think about you for other two three years", but I had every amount offer for a new jobs, oder national team, one or two italian …………………………………………

I don't want to came back Italien, because I know Italien is very very difficult, your Kollega, the press, and … no, no, no, si, si, is normal, is normal, is normal, I know, I know, I live , I live again with the, the, the Kritiker ist very important. And then, when they give the call me „Giovanni, there is that opportunity". Liam said me Giovanni is eine good opportunity the team is good, the players are good and isse eine große challenger. I am sometime impulsive, I say what I think, but I think also one hundred. And when I answer ok, I had immediately eine great Enthusiasmo into me ……………………

Many players plays in England. England is very important. In European is England, Frances, Italien, Spanien, Deutschland … the stark, the heart! And I think with this jung is a good Mannschaft. Jung und eine … oder … with experience."(…) I have trust. With, äh. When, äh. The teams! Understand? No quickly. (…) Is very dangerous change a lot. I have experience. Is impossible change in one game two games, so. I have to only change a little little little situation. I think with the good performance, the good players and with organisation. I think we have that great, big possibility. I, I trust the situation. Ok? …………………………………………

• ES GIBT KEINE KLEINEN MEHR XI •

Amerikanisch-Samoa Versucht sich seit 2002 in der WM-Qualifikation. 0 Siege, 12 Niederlagen, 0 Unentschieden. Torverhältnis 2:129.

• SCHWALBEN •

Schwalben bilden eine 70 Arten umfassende Familie der Ordnung Sperlingsvögel. Sie sind mit Ausnahme der arktischen Gebiete, Neuseelands und einiger ozeanischer Inseln weltweit verbreitet. Schwalben haben stromlinienförmige Körper und lange schmale Flügel, viele Arten haben gegabelte Schwänze. Sie erbeuten Insekten im Flug. In Ruhephasen sitzen sie gerne auf Telefondrähten.

Felsenschwalbe *Ptyonoprogne rupestris* – Sie ist eine kräftige Schwalbe, die bis zu 15 Zentimeter groß wird und breite Flügel sowie ein graubraunes Obergefieder besitzt. Ihre Rufe sind als klassische Tschirpe, aber auch als Prris und Trrippe beschreibbar ...

Mehlschwalbe *Delichon urbica* – Vogel des Jahres 1974. Sie hat einen weißen Bürzel und eine weiße Unterseite. Häufiger als einige andere Schwalbenarten findet man sie in großen Städten ....

Rauchschwalbe *Hirundo rustica* Vogel des Jahres 1979. Sie gehört zu den Töpferschwalben, die ihre Nester, welche sie mit Schlamm und reichlich Speichel verfestigen, in Höhlen, an Felsen oder an Gebäude kleben ....

Rötelschwalbe *Hirundo daurica* Sie besitzt einen Bürzel und ein Nackenband in Rotbraun. Sie wird bis zu 18 Zentimeter lang und gehört damit zu den längeren in Deutschland vorkommenden Schwalben. Die Rötelschwalbe hat das Talent, in der Luft stehen zu können, wenn sie sich an einem Hang mit Aufwind befindet ....

Uferschwalbe *Riparia riparia* Vogel des Jahres 1983. Sie ist mit zwölf Zentimetern Länge die kleinste in eurasischen Gebieten vorkommende Schwalbe. Ihr Rücken ist erdbraun, die Unterseite weiß mit braunem Brustband. Sie steht auf der Roten Liste der gefährdeten Arten, da immer mehr Fluss- und Bachufer verbaut werden ....

• TOR ODER KEIN TOR •

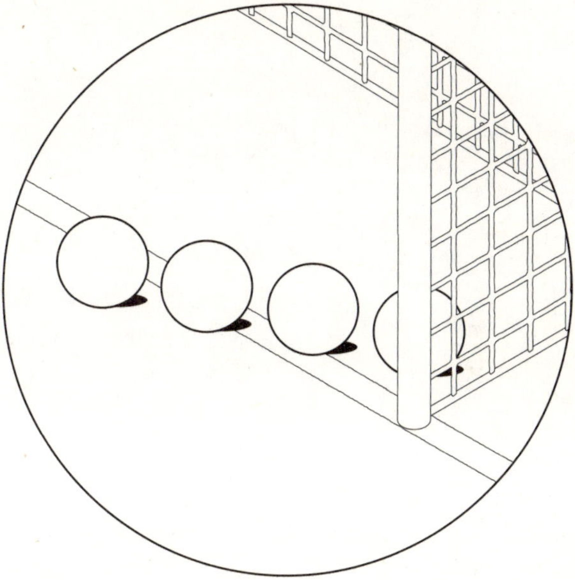

Der DFB bemerkt in seiner Regel 10 (Wie ein Tor erzielt wird): Ein Tor ist gültig erzielt, wenn der Ball vollständig die Torlinie zwischen den Torpfosten und unter der Querlatte überschritten hat, ohne dass die Regeln vorher von der Mannschaft übertreten wurden, zu deren Gunsten das Tor erzielt wurde. Die Illustration zeigt (von links): kein Tor, kein Tor, kein Tor, Tor.

• RUNDGEMACHT •

Das 1. WM-Tor **Lucien Laurent *Frankreich vs. Mexiko* (4:1) .... WM 1930**
Das 500. WM-Tor **Bobby Collins *Schottland vs. Paraguay* (2:3) .... WM 1958**
Das 1000. WM-Tor **Rob Rensenbrink *Niederlande vs. Schottland* (2:3) WM 1978**
Das 1500. WM-Tor **Claudio Caniggia *Argentinien vs. Nigeria* (2:1) ... WM 1994**
Das 2000. WM-Tor **Marcus Allbäck *Schweden vs. England* (2:2) ..... WM 2006**

REGISTER

Wir danken
Andreas Duntze
Stefan Höf
Jenk Saborowski

Wir danken außerdem
Klaus Hoeltzenbein
Gabriella Hoffmann
Michael Kast
Julia von Keisenberg
Anna Liska
Pan Patellis
Milan Pavlovic
Klaus Raab
Dirk Rumberg
Evelyn Sand
Gerwin Schmidt
Ludger Schulze
Timo Thurner
Katharina Ziegler